dtv

»Ich kann nicht nein sagen.« – »Ich kann nicht allein sein.« – »Wenn ich in einer Beziehung lebe, ist es, als ob meine eigene Welt verschwindet.« So beschreiben Betroffene ihre extreme emotionale Abhängigkeit. Wie kommt es zu dieser Persönlichkeitsstörung, die wesentlich weiter verbreitet ist, als bisher angenommen, und oft zu Suchtverhalten, psychosomatischen Erkrankungen oder Depressionen führt?

Anhand des Grimm'schen Märchens ›Die Gänsemagd‹ veranschaulicht Heinz-Peter Röhr, wie es zu krankhafter Abhängigkeit kommt, welche charakteristischen Formen sie annehmen kann und welche Spielarten es gibt. Einfühlsam erklärt er, wie emotionaler Missbrauch in der Familie zu einer massiven Schädigung des Selbstwertgefühls führt. Dass und wie Befreiung daraus dennoch gelingen kann, führt der Autor am Entwicklungsweg der Königstochter auf eindrückliche Weise vor.

Heinz-Peter Röhr, geboren 1949, ist seit über dreißig Jahren an der Fachklinik Fredeburg für Suchtmittelabhängige psychotherapeutisch tätig. Er ist Autor zahlreicher Fachpublikationen und Sachbücher zu Suchtproblemen und Essstörungen. Bei dtv: ›Narzißmus. Das innere Gefängnis‹ (dtv 34166), ›Die Angst vor Zurückweisung. Was Hysterie wirklich ist und wie man mit ihr umgeht‹ (dtv 34620).

Heinz-Peter Röhr

Wege aus der Abhängigkeit

Destruktive Beziehungen
überwinden

Deutscher Taschenbuch Verlag

Von Heinz-Peter Röhr
sind im Deutschen Taschenbuch Verlag erschienen:

Narzißmus (34166)
Die Angst vor Zurückweisung (34620)

**Ausführliche Informationen über
unsere Autoren und Bücher
finden Sie auf unserer Website
www.dtv.de**

Ungekürzte Ausgabe 2008
9. Auflage 2014
Deutscher Taschenbuch Verlag GmbH & Co. KG,
München
Zuerst erschienen 2003 im Walter Verlag
© 2010 Patmos Verlag der Schwabenverlag AG, Ostfildern
Umschlagkonzept: Balk & Brumshagen
Umschlaggestaltung: Stephanie Weischer unter Verwendung
eines Fotos von gettyimages/Stone/Tom Grill
Satz: Druckerei C. H. Beck, Nördlingen
nach einer Vorlage vom Patmos-Verlag
Druck und Bindung: Druckerei C.H.Beck, Nördlingen
Gedruckt auf säurefreiem, chlorfrei gebleichtem Papier
Printed in Germany · ISBN 978-3-423-34463-0

Inhalt

Die menschliche Seele ist unendlich kostbar –
wir sind da, um sie zu entfalten

Wenn ich in einer Beziehung lebe, geschieht immer das Gleiche: Ich achte nicht mehr auf meine Interessen – nur noch die Bedürfnisse meines Partners gelten. Ich lebe dann in seiner Welt, und es ist so, als verschwinde die eigene. Ich mache mich extrem abhängig, frage laufend Dinge, die ich im Grunde weiß. Vor allem befürchte ich, etwas falsch zu machen und damit die Beziehung aufs Spiel zu setzen – jeder Fehler wird für mich existenziell. Wenn die Beziehung zu Ende ist, finde ich zu meiner Identität zurück. Ich regele meine Angelegenheiten, gehe wieder mit Freunden und Bekannten aus …

Ich weiß, es ist unrealistisch, aber ich kann nicht allein sein, da ich Angst habe, nicht zurechtzukommen …

Ich weiß, dass ich manchmal mit meinen Fragen »nerve«, da sie so überflüssig sind; ich müsste es selbst wissen, aber ich fühle mich so unsicher, wenn ich Entscheidungen treffen soll …

Ich lasse mich leicht ausnutzen, tue viel zu viel für andere, aber ich traue mich nicht, »Nein« zu sagen.

Vorwort

Emotionale Abhängigkeit gibt es in Form von absoluter Hörigkeit bis hin zu Formen, die das Leben nicht beeinträchtigen, sondern beglücken. Abhängigkeit ist also vielfach etwas Positives. Wer sich verliebt, macht sich abhängig davon, ob seine Gefühle erwidert werden. Wenn nicht, stürzt der Verliebte in tiefen Schmerz. Sich auf eine Partnerbeziehung wirklich einzulassen bedeutet auch, sich abhängig zu machen. Man wird verletzbar, begibt sich in die Hand eines anderen, und so heißt es denn auch, dass man sich »traut«.

Sich tief und bewusst auf eine Beziehung einlassen zu können setzt voraus, dass eine gewisse Eigenständigkeit und emotionale Unabhängigkeit erreicht wurden. Nur jemand, der sein Leben auch allein meistern kann, ist in der Lage, sich auf konstruktive Weise abhängig zu machen. Man könnte auch von *der Kunst, sich abhängig zu machen* sprechen; dies bedeutet, sich abhängig machen – und gleichzeitig unabhängig bleiben. Sich bewusst auf einen anderen Menschen einlassen können heißt eben nicht, sich ihm unterwerfen oder ihn dominieren müssen.

Viele Beziehungen sind von Machtkämpfen zwischen den Partnern bestimmt, bei denen (unbewusst) ungelöste Probleme aus der Kindheit bearbeitet werden. Gerade die Unfähigkeit sich positiv abhängig machen zu können, führt zu emotionalen Störungen, psychosomatischen Erkrankungen, Hörigkeit oder auch in eine Suchterkrankung. Häufig wird Abhängigkeit mit Liebe verwechselt. Sich zu einem anderen Menschen hingezogen fühlen, ihn nicht loslassen können bedeutet jedoch nicht unweigerlich, dass man ihn liebt.

Sowohl in der Literatur als auch in zahllosen Filmen wird die Problematik der abhängigen Persönlichkeit aufgegriffen. Hörigkeit und destruktive Abhängigkeiten sind oft der Stoff für Nervenkitzel. Als ein berühmtes Beispiel mag der Film *Psycho* von Alfred Hitchcock dienen. Jeder kämpft im Alltag mehr oder weniger mit Abhängigkeiten, und so spricht das Thema viele an, weil fast jeder bei sich selbst oder bei Menschen in seiner näheren Umgebung negative Abhängigkeiten beobachten kann.

Viele Erwachsene sind von ihrer emotionalen Entwicklung her Kinder. Dies kann auch auf sonst intelligente Menschen wie hoch gestellte Wissenschaftler, Wirtschaftsmanager und Politiker zutreffen, nicht selten mit äußerst negativen Konsequenzen.

Menschen kommen in Beratung oder Therapie, weil sie unter emotionalen Problemen leiden. Oft ist der Hintergrund eine Abhängigkeitsproblematik, die nicht immer bewusst sein muss. Wenn abhängige Muster das Leben umfassend und dauerhaft bestimmen, ist die Rede von einer *(dependenten) abhängigen Persönlichkeitsstörung.* Dies betrifft besonders viele suchtkranke Patienten, aber auch solche mit psychosomatischen Erkrankungen, Angststörungen oder depressiven Erscheinungsbildern. Destruktive Abhängigkeit ist ein extrem verbreitetes Problem in unserer Gesellschaft, das voraussichtlich weiter zunehmen wird. Emotionale Störungen nehmen zurzeit ebenso zu wie Suchterkrankungen. Eltern wie Heranwachsenden fällt es zunehmend schwerer, den Ablösungsprozess aus der Herkunftsfamilie sicher zu vollziehen. Dabei spielen Schuldgefühle, Verwöhnung, falsch verstandene Hilfe und emotionale Bedürftigkeit eine entscheidende Rolle.

In der Fachöffentlichkeit wird das Problem des emotionalen Missbrauchs in der Familie viel zu wenig berücksichtigt, obwohl gerade dies die Ursache für destruktive Abhängigkeiten ist.

Die abhängige Persönlichkeitsstörung spiegelt sich in dem Grimm'schen Märchen *Die Gänsemagd.* Es bietet sich daher als Projektionsfläche für die Bearbeitung der Störung an. Im Vordergrund steht nicht die tiefenpsychologische Deutung des Märchens, sondern die Beschreibung der Persönlichkeitsstörung. So lassen sich Genese, Erscheinungsbild, Verlauf, besonders aber Lösungsmöglichkeiten auf eingängige Weise darstellen. Zahlreiche Fallbeispiele tragen zur Verdeutlichung bei.

In meinem Buch *Narzissmus – das innere Gefängnis* hilft das Grimm'sche Märchen *Der Eisenofen*, die narzisstische Persönlichkeitsstörung zu verstehen und Wege zu erkennen, wie Betroffene Heilung finden. Beide Märchen, *Die Gänsemagd* und *Der Eisenofen* ergänzen sich auf wunderbare Weise. Die Störungen, die sie spiegeln, stehen sich auch aus fachlicher Sicht gegenüber. Erstaunlich ist, dass das Symbol des Eisenofens in beiden Märchen eine entscheidende Rolle spielt. Im Märchen *Der Eisenofen* muss der eingesperrte Königssohn den Eisenofen, um erlöst zu werden, unbedingt verlassen. *Die Gänsemagd* muss unbedingt in den Eisenofen, damit der entscheidende Transformationsprozess stattfinden kann.

Dieses Buch ist wie alle meine Bücher ein Beitrag zur Bibliotherapie. Der erste Schritt in der Psychotherapie sollte immer das Verstehen der Störung sein. Der oder die Patient/in sollte Expert/e/in seiner/ihrer Schwierigkeiten werden. Dazu will Bibliotherapie in erster Linie beitragen. In schweren Fällen wird es weiterer therapeutischer Verfahren bedürfen, um Linderung zu erreichen. Einige werden hier aufgegriffen.

Das Problem der emotionalen Abhängigkeit ist Jahrtausende alt. Selbstverständlich wird hier nicht der Anspruch erhoben, dieses extrem vielschichtige Problem umfassend zu behandeln. Die geschilderte Dynamik der Abhängigkeiten und der damit verbundenen Schwierigkeiten begegnete mir in der psychotherapeutischen Praxis immer wieder.

Danken möchte ich allen, die zum Gelingen dieses Buches beigetragen haben. Vor allem schulde ich meinen Patienten Dank, da sie mir immer wieder die besten Lehrmeister sind. Meinem Sohn Frank danke ich herzlich für seine originellen Ideen bei der Durchsicht des Manuskripts. Maßgeblichen Anteil an der Entstehung dieses Buches hatte wieder meine liebe Frau Annemie, ohne sie wäre es nie geschrieben worden.

Bad Fredeburg, im April 2003

1. Teil
Emotionaler Missbrauch in der Familie

Das Märchen *Die Gänsemagd**

Es lebte einmal eine alte Königin, der war ihr Gemahl schon lange gestorben und sie hatte eine schöne Tochter. Wie die erwuchs, wurde sie weit über Feld an einen Königssohn versprochen. Als nun die Zeit kam, wo sie vermählt werden sollten und das Kind in das fremde Reich abreisen musste, packte ihr die Alte gar köstliches Gerät und Geschmeide ein, Gold und Silber, Becher und Kleinode, kurz alles, was nur zu einem königlichen Brautschatz gehörte; denn sie hatte ihr Kind von Herzen lieb. Auch gab sie ihr eine Kammerjungfer bei, welche mitreiten und die Braut in die Hände des Bräutigams überliefern sollte, und jede bekam ein Pferd zur Reise, aber das Pferd der Königstochter hieß Falada und konnte sprechen. Wie nun die Abschiedsstunde da war, begab sich die Mutter in ihre Schlafkammer, nahm ein Messerlein und schnitt damit in ihre Finger, dass sie bluteten. Darauf hielt sie ein weißes Läppchen unter und ließ drei Tropfen Blut hineinfallen, gab sie der Tochter und sprach: »Liebes Kind, verwahr sie wohl, sie werden dir unterwegs Not tun.«

Also nahmen sie beide voneinander betrübt Abschied. Das Läppchen steckte die Königstochter in ihren Busen vor sich, setzte sich aufs Pferd und zog nun fort zu ihrem Bräutigam. Da sie eine Stunde geritten waren, empfand sie heißen Durst und sprach zu ihrer Kammerjungfer: »Steig ab und schöpfe mir mit meinem Becher Wasser aus dem Bache, ich möchte trinken.« »Wenn Ihr Durst habt«, sprach die Kammerjungfrau, »so steigt selber ab, legt Euch ans Wasser und trinkt, ich mag Eure Magd nicht sein.« Da stieg die Königstochter vor großem Durst

---

* Brüder Grimm: Kinder- und Hausmärchen

hinunter, neigte sich übers Wasser im Bach und trank und durfte nicht aus dem goldenen Becher trinken. Da sprach sie:»Ach Gott!« Da antworteten die drei Blutstropfen:»Wenn das deine Mutter wüsste, das Herz im Leibe tät' ihr zerspringen.« Aber die Königstochter war demütig, sagte nichts und stieg wieder zu Pferde. So ritten sie etliche Meilen weiter fort, aber der Tag war warm, die Sonne stach und sie dürstete bald von neuem. Da sie nun an einen Wasserfluss kamen, rief sie noch einmal ihre Kammerjungfer:»Steig ab und gib mir aus meinem Goldbecher zu trinken«; denn sie hatte aller bösen Worte längst vergessen. Die Kammerjungfer sprach aber noch hochmütiger:»Wollt Ihr trinken, so trinkt allein, ich mag Eure Magd nicht sein.« Da stieg die Königstochter hernieder, legte sich über das fließende Wasser, weinte und sprach:»Ach Gott!«, und die Blutstropfen antworteten wiederum:»Wenn das deine Mutter wüsste, das Herz im Leibe tät' ihr zerspringen.« Und wie sie so trank und sich recht überlehnte, fiel ihr das Läppchen, worin die drei Tropfen waren, aus dem Busen und floss mit dem Wasser fort, ohne dass sie es in ihrer großen Angst merkte. Die Kammerjungfer hatte aber zugesehen und freute sich, dass sie Gewalt über die Braut bekäme, denn damit, dass diese die Blutstropfen verloren hatte, war sie machtlos geworden. Als sie nun wieder auf ihr Pferd Falada steigen wollte, sagte die Kammerfrau:»Auf Falada gehör' ich, und auf meinen Gaul gehörst du«; und das musste sie sich gefallen lassen. Dann befahl ihr die Kammerfrau mit harten Worten, die königlichen Kleider auszuziehen und ihre schlechten anzulegen, und endlich musste sie sich unter freiem Himmel verschwören, dass sie am königlichen Hof keinem Menschen etwas davon sprechen wollte; und wenn sie diesen Eid nicht abgelegt hätte, wäre sie auf der Stelle umgebracht worden. Aber Falada sah das alles an und nahm's wohl in Acht.

Die Kammerfrau stieg nun auf Falada und die wahre Braut auf das schlechte Ross, und so zogen sie weiter, bis sie endlich in dem königlichen Schloss eintrafen. Da war große Freude über ihre Ankunft, und der Königssohn sprang ihnen entgegen, hob die Kammerfrau vom Pferde und meinte, sie wäre seine Gemahlin. Sie ward die Treppe hinaufgeführt, die wahre Königstochter aber musste unten stehen bleiben. Da schaute der alte König am Fenster und sah sie im Hof halten und sah, wie sie fein war, zart und gar schön, ging alsbald hin ins königliche Gemach und fragte die Braut nach der, die sie bei sich hätte und die da unten im Hofe stände und wer sie wäre. »Die hab' ich mir unterwegs mitgenommen zur Gesellschaft; gebt der Magd was zu arbeiten, dass sie nicht müßig steht.« Aber der alte König hatte keine Arbeit für sie und wusste nichts, als dass er sagte: »Da hab' ich so einen kleinen Jungen, der hütet die Gänse, dem mag sie helfen.« Der Junge hieß Kürdchen (Konrädchen), dem musste die wahre Braut helfen Gänse zu hüten.

Bald aber sprach die falsche Braut zu dem jungen König: »Liebster Gemahl, ich bitte Euch, tut mir einen Gefallen.« Er antwortete: »Das will ich gerne tun.« »Nun, so lasst den Schinder rufen und da dem Pferde, worauf ich hergeritten bin, den Hals abhauen, weil es mich unterwegs geärgert hat.« Eigentlich aber fürchtete sie, dass das Pferd sprechen möchte, wie sie mit der Königstochter umgegangen war. Nun war das so weit geraten, dass der treue Falada sterben sollte, da kam es auch der rechten Königstochter zu Ohr und sie versprach dem Schinder heimlich ein Stück Geld, das sie ihm bezahlen wollte, wenn er ihr einen kleinen Dienst erwiese. In der Stadt war ein großes finsteres Tor, wo sie abends und morgens mit den Gänsen durchmusste. Unter dem finsteren Tor möchte er dem Falada seinen Kopf hinnageln, dass sie ihn doch öfters sehen könnte. Also versprach das der Schinderknecht zu tun, hieb den Kopf ab und nagelte ihn unter das finstere Tor fest.

Des Morgens früh, da sie und Kürdchen unterm Tor hinaustrieben, sprach sie im Vorbeigehen:

> »O du Falada, da du hangest«,

da antwortete der Kopf:

> »O du Jungfer Königin, da du gangest,
> wenn das deine Mutter wüsste,
> ihr Herz tät' ihr zerspringen.«

Da zog sie still weiter zur Stadt hinaus und sie trieben die Gänse aufs Feld. Und wenn sie auf der Wiese angekommen war, saß sie nieder und machte ihre Haare auf, die waren eitel Gold, und Kürdchen sah sie und freute sich, wie sie glänzten, und wollte ihr ein paar ausraufen. Da sprach sie:

> »Weh, weh, Windchen,
> nimm Kürdchen sein Hütchen
> und lass'n sich mit jagen,
> bis ich mich geflochten und geschnatzt
> und wieder aufgesatzt.«

Und da kam ein so starker Wind, dass er dem Kürdchen sein Hütchen wegwehte, und es musste ihm nachlaufen. Bis es wiederkam, war sie mit dem Kämmen und Aufsetzen fertig, und er konnte keine Haare kriegen. Da war Kürdchen bös und sprach nicht mit ihr; und so hüteten sie die Gänse, bis dass es Abend ward, dann gingen sie nach Haus.

Den anderen Morgen, wie sie unter dem finstern Tor hinaustrieben, sprach die Jungfrau:

> »O du Falada, da du hangest«,

Falada antwortete:

> »O du Jungfer Königin, da du gangest,
> wenn das deine Mutter wüsste,
> ihr Herz tät' ihr zerspringen.«

Und in dem Feld setzte sie sich wieder auf die Wiese und fing an, ihr Haar auszukämmen, und Kürdchen lief und wollte danach greifen, da sprach sie:

> »Weh, weh, Windchen,
> nimm Kürdchen sein Hütchen
> und lass'n sich mit jagen,
> bis ich mich geflochten und geschnatzt
> und wieder aufgesatzt.«

Da wehte der Wind und wehte ihm das Hütchen vom Kopf weit weg, dass Kürdchen nachlaufen musste; und als es wiederkam, hatte sie längst ihr Haar zurecht, und es konnte keins davon erwischen.

Abends aber, nachdem sie heimgekommen waren, ging Kürdchen vor den alten König und sagte:»Mit dem Mädchen will ich nicht länger Gänse hüten.«»Warum denn?«, fragte der alte König.»Ei, das ärgert mich den ganzen Tag.« Da befahl ihm der alte König, zu erzählen, wie's ihm denn mit ihr ginge. Da sagte Kürdchen:»Morgens, wenn wir unter dem finstern Tor mit der Herde durchkommen, so ist da ein Gaulskopf an der Wand, zu dem redet sie:

>Falada, da du hangest<,

da antwortet der Kopf:

>O du Jungfer Königin, da du gangest,
wenn das deine Mutter wüsste,
ihr Herz tät' ihr zerspringen.<«

Und so erzählte Kürdchen weiter, was auf der Gänsewiese geschähe und wie es dem Hut im Winde nachlaufen müsste.

Der alte König befahl ihm, den nächsten Tag wieder hinauszutreiben, und er selbst setzte sich hinter das finstere Tor und hörte da, wie sie mit dem Haupt des Falada sprach; und ging er ihr auch nach in das Feld und barg sich in einem Busch auf der Wiese. Da sah er nun bald selbst, wie die Gänsemagd und der Gänsejunge die Herde getrieben brachte und wie sie nach einer Weile sich setzte und ihre Haare losflocht, die strahlten von Glanz. Gleich sprach sie wieder:

»Weh, weh, Windchen,
nimm Kürdchen sein Hütchen
und lass'n sich mit jagen,
bis ich mich geflochten und geschnatzt
und wieder aufgesatzt.«

Da kam ein Windstoß und fuhr mit Kürdchens Hut weg, dass es weit zu laufen hatte, und die Magd kämmte und flocht ihre Locken still fort, welches der alte König alles beobachtete. Darauf ging er unbemerkt zurück, und als abends die Gänsemagd heimkam, rief er sie beiseite und fragte, warum sie das alles so täte? »Das darf ich Euch nicht sagen und darf auch keinem Menschen mein Leid klagen; denn so hab' ich mich unter freiem Himmel verschworen, weil ich sonst um mein Leben gekommen wäre.« Er drang in sie und ließ ihr keinen Frieden, konnte aber nichts aus ihr herausbringen. Da sprach er: »Wenn du mir nichts sagen willst, so klag dem Eisenofen da dein Leid«, und ging fort. Da kroch sie in den Eisenofen, fing an zu jammern und zu weinen, schüttete ihr Herz aus und sprach: »Da sitze ich nun und von aller Welt verlassen und bin doch eine Königstochter, und eine falsche Kammerjungfer hat mich mit Gewalt dahin gebracht, dass ich habe meine Kleider ablegen müssen, und hat meinen Platz bei meinem Bräutigam eingenommen, und ich muss als Gänsemagd gemeine Dienste tun. Wenn das meine Mutter wüsste, das Herz im Leib tät' ihr zerspringen.« Der alte König stand aber außen an der Ofenröhre und hörte, was sie sprach. Da kam er wieder herein und hieß sie aus dem Ofen gehen. Da wurden ihr königliche Kleider angetan und es schien ein Wunder, wie schön sie war. Der alte König rief seinen Sohn und offenbarte ihm, dass er die falsche Braut hätte, die wäre bloß ein Kammermädchen, die wahre aber stände hier als die gewesene Gänsemagd. Der junge König war herzensfroh, als er ihre Schönheit und Tugend erblickte, und ein großes Mahl wurde angestellt, zu dem alle Leute und gute Freunde gebeten wurden. Obenan saß der Bräutigam, die Königstochter zur einen Seite und die Kammerjungfer zur anderen, aber die Kammerjungfer war verblendet und erkannte jene nicht mehr in dem glänzenden Schmuck. Als sie nun gegessen und getrunken hatten und guten Muts waren, gab der alte König der Kammerfrau ein Rätsel auf, was eine solche wert wäre, die den Herrn so und so betrogen hätte, erzählte damit den ganzen Verlauf und fragte: »Welches Urteil ist diese würdig?« Da sprach die falsche Braut: »Die ist nichts Besseres wert, als dass sie splitternackt ausgezogen wird und in ein Fass gesteckt wird, das inwendig mit spitzen Nägeln beschlagen ist; und zwei weiße Pferde müssen vorgespannt werden, die sie Gasse auf, Gasse ab zu Tode schleifen.« »Das bist du«, sprach der alte König, »und hast dein eigenes Urteil gefunden, und danach soll dir widerfahren.« Und als das Urteil vollzogen war, vermählte sich der junge König mit seiner rechten Gemahlin, und beide beherrschten ihr Reich in Frieden und Seligkeit.

Einleitung

Ein Zauber wohnt in jedem Märchen, so wie auch in jedem Traum ein Zauber lebt. Sie sind einfach wunderbar – nicht nur für Kinder. Der moderne Mensch weiß meist wenig von den heilenden Kräften der Psyche und wie man sie erschließt. Viel zu sehr haben wir den Kontakt zu den Tiefen unserer Seele verloren. Märchen sind zum Träumen, besonders jedoch zum Aufwachen geeignet. Es ist immer wieder erstaunlich, wie präzise sie die Wirklichkeit widerspiegeln. *Werde der, der du bist!* So lautet die geheime Überschrift, die über dem Grimm'schen Märchen *Die Gänsmagd* steht. Sie steht übrigens über vielen Märchen, denn diese wunderbaren Geschichten zeigen Entwicklungswege – hin zu mehr Unabhängigkeit, Zufriedenheit, Glück, Verantwortung und Selbstständigkeit. Und genau dies vermissen heute viele Menschen. Sie finden sich stattdessen viel zu schnell mit Ersatzbefriedigungen ab, die nicht zu echtem, dauerhaftem Glück führen. Wer tiefer fragt, was wirklich fehlt, ist eingeladen, sich den Märchen zu nähern, um so den Geheimnissen des Lebens auf die Spur zu kommen.

Im Leben jedes Menschen gibt es Lebensübergänge, in denen Weiterentwicklung stattfinden muss. Häufig sind diese Lebensübergänge Thema in den Märchen, sie gestalten sich oft problematisch, besonders dann, wenn die Entwicklung ungünstig und konfliktbeladen verläuft. Ein besonders wichtiger Übergang ist das »Erwachsenwerden«, die Pubertät: Wie wird ein Mensch, der Probleme mit sich hat, erwachsen? Ein wichtiger Meilenstein in der Pubertät ist die Ablösung von den Eltern.

Viele Märchen bearbeiten das Problem der Ablösung. Stelle ich die Frage in der Therapie: »Haben Sie sich von Ihren Eltern gelöst?«, so fällt die Antwort unterschiedlich aus. Einige Patienten bestehen darauf, dass dieser Prozess stattgefunden habe. Noch von den Eltern abhängig zu sein bedeutet für sie eine Verletzung ihres Selbstwertgefühls. Gerade in der Vehemenz, mit der diese Frage manchmal verneint wird, verbirgt sich oft eine geheime Botschaft.

In dem Märchen *Die Gänsemagd* geht es – wie wir sehen werden – um Probleme, die sich aus emotionalem Missbrauch ergeben, den viele Menschen erleben müssen. Abhängigkeit gibt es nicht nur von Suchtmitteln, sondern zeigt sich auch in der Unfähigkeit, sich aus elterlichen Umklammerungen zu lösen. Das Leben vieler Menschen ist von Abhängigkeit geprägt. Sie sind gezwungen, sich in verschiedenen Lebenslagen viel zu abhängig zu machen.

Abhängigkeit ist ein Muster, eine Struktur, die sie immer wieder erleben, in der sie gefangen sind und unter der sie leiden. Am besten ist das Problem zu verstehen und zu lösen, wenn es bei den *Wurzeln angegangen* wird.

Viel zu viele Menschen finden sich damit ab, abhängig zu sein und zu bleiben, quasi lebenslänglich. Das Märchen *Die Gänsemagd* fordert dagegen heraus, will wachrütteln, den Weg zeigen, den es zu beschreiten gilt. Nichts ist schlimmer als vertanes Leben, und so ist es wichtig, die Autorität des Märchens ernst zu nehmen, die Botschaften zu verstehen und die notwendigen Änderungen auch wirklich vorzunehmen.

Wenn wir uns dem Märchen *Die Gänsemagd* nähern, um es tiefer zu verstehen, gilt es, zunächst die Frage zu beantworten, welches Problem das Märchen bearbeitet. Wie bei jedem Märchen stehen bereits in den ersten Sätzen die entscheidenden Hinweise: *Es lebte einmal eine alte Königin, der war ihr Gemahl schon lange gestorben, und sie hatte eine schöne Tochter…* Diese wenigen Hinweise beschreiben die Lebensumstände, die für die gesamte Entschlüsselung des Märchens von Bedeutung sind.

Die meisten Märchen beginnen mit: »Es war einmal …«. So als sei die Geschichte schon vorüber und habe in der Vergangenheit stattgefunden, beginnt auch das Märchen die Gänsemagd mit: »Es lebte einmal …«. Die Geschichten im Märchen sind so wahr wie das Leben selbst. Lediglich die Sprache ist nicht die übliche, sondern

Märchen sprechen in Bildern und Symbolen: Welche Bedeutung hat das sprechende Pferd Falada? Warum wird ihm der Kopf abgeschlagen? Welche Rolle spielt die Kammerjungfer? Was bedeutet es, in den Eisenofen zu müssen? Lassen wir die Bilder sprechen und verstehen wir, was uns zu einem erfüllten, glücklichen Leben fehlt. Vor allem will das Märchen von der Gänsemagd Energie freisetzen. Es will von alten Fesseln befreien und die eigene Menschlichkeit entfalten helfen, zum Wohle aller Menschen.

Es lebte einmal eine alte Königin ...

Figuren im Märchen erscheinen niemals zufällig. Vielmehr charakterisieren sie die handelnden Personen, indem sie ihren Stand und die damit in Verbindung stehenden typischen Eigenschaften bildhaft zum Ausdruck bringen. Nicht eine arme Bauersfrau hat eine schöne Tochter, sondern eine alte Königin. In ihr erkennen wir demnach eine Herrscherin, eine stolze, starke Persönlichkeit. Es heißt, sie sei alt, und damit hat sie eine gewisse Würde. Wahrscheinlich umgibt sie eine Aura der Unnahbarkeit, sie strahlt Überlegenheit und Stärke aus und scheint zu wissen, was sie will.

... der war ihr Gemahl schon lange Jahre gestorben ...

Auch wenn der Gemahl schon viele Jahre gestorben ist, hat sie keinen neuen Partner erwählt, sondern sie ist offensichtlich nur für ihre Tochter da, der ihre ganze Fürsorge gilt. Über die Gründe, warum sie allein geblieben ist, lassen sich Vermutungen anstellen. Vielleicht konnte sie den Tod des Partners nicht überwinden und war demzufolge nicht offen für eine neue Partnerschaft. Oder eine unbewusste Angst vor einer erneuten Bindung lässt sie alleine bleiben. Partnerschaftliches Glück hat sie jedenfalls nicht mehr zu erwarten. Dies zeigt sich darin, »dass der Gemahl schon lange gestorben war«.

Wer in der Lage wäre, tief in ihre Seele zu schauen, würde dort sicherlich die tiefe Wunde erkennen können, die sie nach außen verbirgt. Eine gewisse Bitterkeit und Hoffnungslosigkeit hat sie hart werden lassen gegen sich selbst und nicht selten auch zu anderen. Freude und persönliches Glück glaubt sie nicht erwarten zu dürfen, jedenfalls nicht, wenn dieses aus einer Partnerschaft erwachsen würde. Jedoch trägt sie ihr Schicksal nach außen tapfer und würdig, und so hat sie einen unsichtbaren Panzer um ihr Herz gelegt.

Es ist wahrscheinlich, dass sie selbst eine verborgene Angst vor Bindung hat, die nach Enttäuschungen und schweren Kränkungen entstanden ist. Die Gründe, warum es nicht zu einer erneuten lebensbestimmenden Beziehung kommen konnte, mögen sehr unterschiedlich sein.

Der Mangel, den viele Menschen spüren, weil sie Liebe und Sexualität vermissen, ist besonders dann quälend, wenn eine Besserung der Situation eher unwahrscheinlich ist. Ohne einen gewissen Ersatz bzw. die Zuversicht auf Änderung ist diese schwer zu ertragen. Liebe und Zuneigung zu erfahren ist ein Grundbedürfnis jedes Menschen, und wer sie vermissen muss, leidet unter einem Mangel. Der moderne Mensch ist intensiv auf zwischenmenschliche Kontakte angewiesen. Er spürt Wert und Sinn auch dadurch, dass er für andere wichtig ist und andere ihm wichtig sind.

Alle Aussagen des Märchens sind symbolisch zu verstehen, so auch die, dass der Mann der Königin schon lange tot ist. Dies bedeutet nicht unweigerlich, dass er wirklich gestorben ist. Wollen wir das Bild übertragen, dann kann es sein, dass die Ehe gescheitert ist, die Liebe tot, und es fehlt die Kraft zur Veränderung. Die Partner leben weiter in einer häuslichen Gemeinschaft, aber die innere Beziehung entspricht dem Bild des Märchens. Wesentlich ist, dass der Partner für die Mutter ausgefallen ist oder eine untergeordnete Rolle spielt. So ist auch denkbar, dass der Vater schwach ist, unbedeutend und als Person nicht wirklich in Erscheinung tritt. Er hat der dominanten Mutter gegenüber keine bedeutende Position, er hat »nichts zu sagen«, wird nicht ernst genommen und nimmt die

Rolle des Vaters in der Familie nicht ein. Vielleicht ist er krank, süchtig oder häufig unterwegs, sodass er keinen positiven Einfluss auf die Familie nehmen kann. Die dominante Mutter wird daher versuchen, seine Abwesenheit auszugleichen, besser: ihn zu ersetzen. Sie hält die Fäden in der Hand und ist in der Familie die wichtigste Person. Immer wieder heißt es im Märchen: »Wenn das deine Mutter wüsste ...« – ein Hinweis darauf, dass ihre Bedeutung weit mehr als üblich bestehen bleibt, auch als die Tochter längst erwachsen ist.

Natürlich genießt die Mutter ihre Bedeutung und ihre Position in der Familie. Diese gehört zu ihrem Selbstverständnis und bestimmt ihr Selbstwertgefühl. Sie gefällt sich in dieser Rolle. Sie kann sorgen, ist beschäftigt und wird ihren inneren Mangel nicht so intensiv spüren. Was wäre, wenn sie dies alles nicht mehr hätte? Damit, dass sie nur für andere, in dem Fall für die Tochter, lebt, stellt sich ein wesentliches Problem scheinbar nicht mehr. Jeder Mensch hat die Aufgabe, seinem Leben einen eigenen Sinn zu geben. Im Märchen heißt es: »Sie wurde weit über Feld an einen Königssohn versprochen.« Dies beinhaltet das natürliche Ende der Elternrolle. Sie endet damit, dass Kinder Erwachsene werden und ihr Leben eigenständig und selbstverantwortlich leben können. Die Mutterrolle (Vaterrolle) ist zeitlich befristet und darf nicht missbraucht werden. Wieso es häufig nicht gelingt, die Ablösung zu schaffen, die ja beidseitig vollzogen werden will – Eltern lassen ihre Kinder los, »Kinder« lassen ihre Eltern los –, dies wird in diesem Buch behandelt. Eigentlich wäre die alte Königin einsam, aber:

... sie hatte eine schöne Tochter

Das Bild will verstanden werden. Die alte Königin hat sich mit all ihrer Zuneigung an die Tochter gewandt. Der schmerzhafte Verlust des Partners reißt eine innere Wunde, die es zu schließen gilt. Der

Mensch ohne Partner, ohne Liebe, fühlt sich mitunter allein, er spürt, dass ihm etwas fehlt. So wie jedes Leben ohne Zuneigung und Liebe nicht glücklich werden kann, wird gerade der Verlust eines geliebten Menschen die Sehnsucht nach Zuneigung und Liebe verstärken. Die Folge dieser Gegebenheiten ist oft eine enge und schließlich verhängnisvolle Beziehung zwischen Mutter und Tochter.

Die Abhängigkeit kleiner Kinder von den Eltern ist sinnvoll, sollen sie doch hineinwachsen in die Welt und benötigen die Zuneigung und Liebe der Eltern. Der Prozess des Unabhängigwerdens ist nicht immer leicht. Oft ist er mit Fehlentwicklungen und Hürden verbunden. Um diese Schwierigkeiten und auch die aus Fehlentwicklungen entstehenden Nachteile wird es im weiteren Text gehen.

Die unvollständige Familie hat ihre eigene Dynamik und die Folgen sind mitunter fatal. Natürlich gelingt es auch Menschen, die aus diesen Familien kommen, sich zu lösen und ein selbstbestimmtes Leben zu führen, aber oft eben auch nicht.

Von größter Bedeutung für unsere Überlegungen ist also der Nebensatz: »*Und sie hatte eine schöne Tochter*«. Was hier so beiläufig mitgeteilt wird, enthält den eigentlichen Sprengstoff. Der letzte Teil des ersten Satzes des Märchens, eine schöne Tochter zu haben, bedeutet vor allem, noch einen Menschen zu haben, für den man da sein kann. Schön heißt, dass die Tochter interessant, wichtig, wertvoll und bedeutsam für die alte Königin ist. Sie hütet sie wie ihren Augapfel, sie liebt ihre Tochter über alles, ja, man möchte sagen, sie liebt sie viel zu sehr. Ihr ganzes Leben scheint sich nur um die Tochter zu drehen, so als gäbe es sonst nichts, was wichtig wäre.

Das Leben der alten Königin kennt also nur einen wirklich wesentlichen Mittelpunkt: ihre Tochter. Ihr Dasein für die Tochter wirkt nach außen ganz selbstlos. Auch sie selbst wird glauben, dass sie nur noch für die Tochter lebt. In Wahrheit jedoch missbraucht sie ihre Tochter auf sanfte und subtile Weise, aber umso nachhaltiger, einschneidender und intensiver. Dies muss mit großer Entschiedenheit betont werden.

Wie sehr sie sich auch für das Wohl und die Bedürfnisse der Tochter einsetzt, wie sehr sie auch eigene Bedürfnisse opfert, um der Tochter noch mehr zu geben – unweigerlich bleibt das Wesentliche: der emotionale Missbrauch. Die Tochter ist Partnerersatz. Was es bedeutet, in dieser Rolle gefangen zu sein, wird nur zu oft unterschätzt oder falsch bewertet. Hier liegen die Wurzeln für lebenslange Abhängigkeit und für großes Leid.

Liebe ist ein Kind der Freiheit. Aus Liebe wird Abhängigkeit, weil die Tochter missbraucht wird für die Bedürfnisse der Mutter. Ob sie will oder nicht, wird sie die wahren Bedürfnisse der Tochter ignorieren.

Wie sie erwuchs, wurde sie weit über Feld an einen Königssohn versprochen

Wenn wir die Bildersprache jetzt übersetzen, können wir Satz für Satz die unheilvolle Entwicklung verfolgen. Es kommt zu einer dramatischen Zuspitzung der Lebenssituation. Kinder, die als Partnerersatz missbraucht wurden, spüren in frühen Lebensjahren meist weniger Probleme, da sich ein Elternteil intensiv um sie kümmert. Ihr Leben wird bewacht, behütet, und vielfach werden alle auftretenden Konflikte von der Mutter (vom Vater) gelöst. Nicht selten findet eine Verwöhnung statt, die sich ebenfalls im Märchen spiegelt. In diesem Sinne ist der königliche Brautschatz, der die materielle Versorgung darstellt und auf den die alte Königin offensichtlich großen Wert legt, zu verstehen.

Das Problem zeigt sich meist an der Stelle, wenn die Zeit für eine Trennung und Ablösung aus dem Elternhaus kommt. Der natürliche Verlauf des Lebens sieht die Ablösung von der Mutter (von den Eltern) vor und so ist auch der Satz *Wie sie erwuchs, wurde sie weit über Feld an einen Königssohn versprochen* zu verstehen. Es sind die Gesetze des Lebens, die hier etwas versprechen. Heranwachsende haben das Recht, sich zu lösen und eigenständig zu werden. Die Frage ist jedoch, ob sie es vermögen, sich zu lösen, zu trennen und welche Schwierigkeiten und Hürden zu überwinden sind.

Auch im Tierreich verläuft der Ablösungsprozess nicht immer problemlos, wie man dies am Beispiel der Braunbären erkennen kann:

Bären sind meist Einzelgänger, und so zieht auch die Bärenmutter ihre Jungen allein auf. Meist sorgt sie sich um zwei Nachkömmlinge, die während der Sommermonate wie im Schlaraffenland leben. Sie tollen und spielen fast ununterbrochen. Die Bärenmutter sorgt für Nahrung und Sicherheit ihrer Abkommen. Irgendwann erkennt die Bärin, dass sie reif sind für ein eigenständiges Leben. Sie vertreibt ihre Jungen, die zunächst glauben, dass es sich um ein Spiel handelt. Nach kurzer Zeit suchen sie wieder die Nähe der Mutter. Diese verscheucht die beiden wieder, diesmal schon wesentlich aggressiver und nachdrücklicher. Die halb erwachsenen Bären scheinen die Welt nicht mehr zu verstehen, sind erschrocken und verwirrt über das Verhalten der Mutter. Sie suchen das Weite, kommen aber bald wieder zurück, um in der Nähe der Mutter zu sein. Diesmal werden sie mit wütendem Fauchen und schmerzhaften Tatzenhieben empfangen. Erst jetzt haben sie die Lektion gelernt und wagen nicht mehr zur Mutter zurückzukehren. Diese ist dann meist wieder trächtig und muss in naher Zukunft erneut für Nachwuchs sorgen. Sie hat eine neue Aufgabe.

Der Prozess der Ablösung, der bei Bären kurz und schmerzhaft verläuft, wird in unserer Gesellschaft meist vermieden. Wirkliche Unabhängigkeit will sich bei vielen Menschen nicht richtig einstellen. Sie fühlen sich auch im Erwachsenenalter innerlich noch wie Kinder. Eltern lassen ihre Töchter und Söhne nicht los, sie denken, handeln, sorgen für ihr Wohlergehen und überlassen sie nicht der Eigenverantwortung. Das seelische Leid in der Gesellschaft wird nicht unmaßgeblich dadurch erzeugt, dass es keine Rituale gibt, die den Übergang der Kindheit ins Erwachsenenalter ermöglichen.

Anders bei den Naturvölkern: Im Initiationsritual wird der Junge rituell getötet, damit der Mann leben kann. Während des Rituals werden besonders dem Unbewussten eindringliche Bilder vermittelt, die helfen, eine endgültige Trennung von den Eltern zu vollziehen.

Die Ablösung von den Eltern ist oft ein schwieriger und für beide Seiten schmerzhafter Prozess. Zu einer dramatischen Verschärfung des Problems kommt es immer dann, wenn ein Kind unentbehrlich für einen Elternteil wird. Dabei kommt es oft zu einer Verschleierung der wahren Umstände.

Bei der Untersuchung des Verhaltens der Königin ist deutlich zu erkennen, dass ihr Problem der Einsamkeit durch die Tochter gelöst werden soll. Auch ihr Bedürfnis nach Liebe und Zuneigung soll die Tochter befriedigen. Die Mutter braucht, nein: missbraucht ihre Tochter.

Was die alte Königin ihrer Tochter mit auf den Weg gibt

Um Träume zu verstehen, sollte man versuchen, alle Elemente des Traums, alle handelnden Figuren und Symbole als Bestandteil der Persönlichkeit des Träumers zu begreifen. Die gleiche Interpretationsregel gilt für Märchen, also müssen wir auch hier versuchen, die verwendeten Symbole zu verstehen. Die Frage ist, was Eltern ihren Kindern mit auf den Lebensweg geben. Viele dieser Dinge werden zu Bestandteilen innerer oder äußerer Realitäten. Unter diesen Gesichtspunkten ist es fruchtbar, die Dinge zu untersuchen, die die alte Königin ihrer Tochter mit auf den Weg gibt. Wir sehen, dass die Mutter ihr Kind liebt und ihm nur das Beste mit auf den Lebensweg geben will. Sie wird ihm jedoch vieles geben, was zu einem selbstständigen Leben nicht taugt. Dazu gehören äußere und innere Einzelheiten.

Die drei Blutstropfen

Unweigerlich erinnert das Vorgehen der alten Königin an den alten Satz: »Du bist mein Fleisch und Blut«, ein Satz, den vermutlich viele Eltern aussprechen oder denken, wenn es um ihre Kinder geht. Sie fühlen sich mit ihren Kindern zutiefst verbunden. Die Liebe, die Eltern ihren Kindern entgegenbringen, ist so wichtig wie das tägliche Brot. Dass diese Liebe auch missbraucht werden und abhängig machen kann, dies wird das zentrale Thema dieses Buches sein. Zur wahren Liebe gehört die Erziehung zu Verantwortlichkeit, Selbstständigkeit und Freiheit. Vor allem will echte Liebe eben nicht besitzen.

Kinder brauchen dieses tiefe Gefühl der Zugehörigkeit und Verbundenheit. Sie wollen sich willkommen fühlen in dieser Welt, und natürlich vermitteln dies in besonderer Weise die Eltern. Kinder benötigen Fürsorge genau in der richtigen Dosierung. Ein Zuviel ist ebenso schädlich wie ein Zuwenig. Dass Eltern nicht perfekt sein können, vielmehr Fehler machen, ist natürlich. Der englische Psychologe Winnicott brachte dies auf den Punkt, wenn er von einer »hinreichend guten Mutter« sprach.

Gerade die perfekte Mutter wird zur »Übermutter«, die ihre Kinder zur Verzweiflung treibt. Auch bei der alten Königin sehen wir, dass sie alles perfekt für ihre Tochter arrangiert. Die vollkommene Mutter gibt ihrem Kind meist keine Chance, genügend Eigenständigkeit zu erlangen. Dazu würde gehören, dass Fehler und Irrtümer nicht mit scharfen Abwertungen beantwortet würden. Einer perfekten Mutter fällt es schwer, eine abweichende Meinung ihres Kindes zu akzeptieren.

Wir sehen, wie schwer es der alten Königin fällt, die Tochter loszulassen. Wie sehr sie ihr ans Herz gewachsen ist, wird in der Szene deutlich, in der sie in die Kammer geht, mit einem Messerchen die Haut am Finger aufritzt und die drei Blutstropfen in ein Tüchlein tropfen lässt. Dies ist als Hinweis zu deuten, dass eine Trennung notwendig und richtig wäre, diese aber nicht wirklich vollzogen wird. Das Tüchlein mit den Blutstropfen steht für innere Abhängigkeit. Sie drückt sich darin aus, dass die Mutter immer noch für ihre Tochter sorgen will. Sie hat nicht aufgehört, Mutter zu sein, und glaubt, dass die Tochter viel zu unselbstständig ist, als dass sie ihr Leben allein meistern könnte.

Die drei Blutstropfen stehen für die innere Haltung der Mutter, auch in Zukunft für die Tochter da sein zu wollen, weiter ihre Probleme lösen zu wollen, weiter für sie wichtig zu sein, an ihrem Leben teilhaben, ja mitleben zu wollen. Bereits die ersten Schritte in die Eigenständigkeit machen ihre Unfähigkeit deutlich, mit den alltäglichen Problemen zurechtzukommen.

Die tiefe Abhängigkeit der Prinzessin von ihrer Mutter geht weit über das Konstruktive und wirklich Hilfreiche hinaus. Wir sehen, wie sie das Tüchlein mit den Blutstropfen »in ihren Busen vor sich« steckt und sich beschützt fühlt – und besonders glaubt auch die alte Königin, die Tochter so beschützen zu können. Dass die Wirkung des Zaubers nicht lange ausreicht, ist nur zu verständlich und nachvollziehbar.

Ist jemand vom Lebensalter her erwachsen, sind alle Hilfsversuche der Eltern zum Scheitern verurteilt, weil dadurch die Abhängigkeit noch gefördert wird. Viele Eltern glauben viel zu sehr daran, für die erwachsenen »Kinder« denken, sorgen und eintreten zu müssen. So werden sie entmündigt und verwöhnt. Sie brauchen ihrer Eigenverantwortung nicht gerecht zu werden, die letztlich zu einem starken Selbstwertgefühl führen würde.

Natürlich ist es gut und richtig, dass Familienmitglieder zu einander halten und sich in Notsituationen gegenseitig unterstützen. Entscheidend ist, dass Eltern sich nicht mehr in das Leben ihrer »erwachsenen« Kinder einmischen, sodass diese das Gefühl haben, ausschließlich selbst die Verantwortung für sich zu haben. Wir werden sehen, dass die Königin gerade mit ihrer »Überfürsorge« egoistische Ziele verfolgt.

Zu den Gefühlen, die am häufigsten verwechselt werden, gehören Liebe und Abhängigkeit. Während Liebe ein Kind der Freiheit ist, ist Abhängigkeit ein Kind der Angst. Die typischen Ängste der alten Königin sind: Angst vor Alleinsein, Angst vor Bedeutungslosigkeit, Angst vor dem Verlust von Macht, Angst vor dem Verlust von Zuneigung, Angst vor Einsamkeit, Angst vor dem Verlust von Sinn. Auch wenn diese Ängste wenig bewusst sein mögen, bestimmen sie das destruktive Verhalten. Die alte Königin klammert sich an ihre Tochter und nimmt ihr die Kraft zum Leben.

Unausweichlich übertragen sich die Ängste der Mutter auf die Person der Tochter. Während die Mutter ihre wahren Ängste nie direkt äußert, sehen wir eine Tochter, die ihre vielfältigen Ängste deutlich spürt. Sie hat vor allem Angst vor dem Leben. Ihre typischen Ängste sind: Angst vor Alleinsein, Angst vor Konflikten, Angst vor Kritik und Kränkungen, Angst vor eigenen Entscheidungen, Angst vor Verantwortung, Angst vor Schuldgefühlen.

Sanft – dominant

Zu unserer Figur der Königin im Märchen passt am besten die Bezeichnung »sanft, aber dominant«. Sie gehört zu jenen Müttern, die sanft, aber doch mit dem nötigen Nachdruck erziehen und dirigieren. Sie sind auf ihre Weise diktatorisch: immer mit dem Anspruch, nur das Beste zu wollen, und mit dem unwiderstehlichen Ehrgeiz, es besser zu wissen.

Autorität kann offen sein, dann weiß ein Kind, was es erwartet, wenn es sich nicht nach den Vorgaben eines Erziehers verhält. Es weiß etwa, dass es eine Strafe bekommt, wenn es zu spät nach Hause kommt. Eine andere Form ist die verdeckte Autorität. Eine Formulierung der Mutter: *Ich weiß nicht, ob das wirklich gut für dich ist, was du da vorhast…* kann von Stimmfall und Ausdruck her zu großen emotionalen Schwierigkeiten führen. Die Tochter weiß, was die Mutter will. Wenn sie ihren Willen nicht erfüllt, dann kennt sie die Niedergeschlagenheit, Depression, Migräne, den Herzschmerz oder die Schweigsamkeit der Mutter. Diese Emotionen können als Strafe viel schlimmer sein als körperliche Schläge. Da die Autorität verdeckt ausgeübt wird, bleiben die Spielregeln unklar. Nie weiß die Tochter, was sie erwartet, wenn sie der Mutter begegnet. Sie lebt in Unsicherheit und Angst, sie leidet. Die Folge ist, dass sie sich anstrengen wird, die Wünsche der Mutter zu erraten und sich anzupassen. Die Mutter bleibt in der Rolle der Sanften, die immer nur das Beste will. Sie wird sich selbst auch so sehen und bewerten. Die Tochter wird sich immer wieder schuldig fühlen, weil sie es ihrer Mutter nicht recht machen kann. So sehr sie auch versuchen wird, sich anzupassen und die Wünsche der Mutter zu befriedigen, letztlich wird es ihr nicht gelingen können, aus der Klemme zu kommen.

Gefühle können erpresserisch und terroristisch sein. Die Tochter liegt nicht in Ketten wie in einem offensichtlichen Gefängnis, sondern sie ist wie an unsichtbaren Gummibändern gehalten, an denen sie sich nur scheinbar frei bewegen kann. Letztlich ist dieser Umstand von größter Bedeutung, insbesondere weil es so schwer ist, sich gegen die verdeckte Autorität der Mutter zu wehren. Sie umgibt sich mit dem Anschein der Toleranz und Freizügigkeit. Im Falle der offenen Autorität ist Auseinandersetzung viel eher möglich. Man kann sich gegen die Ansprüche zur Wehr setzen. Persönlichkeitsentwicklung wird auch stattfinden, wenn jemand lernt, sich zu wehren und durchzusetzen. Die verdeckte autoritäre Einschüchterung verhindert die Entwicklung von Eigenständigkeit, weil es zwangsläufig zu unklaren Beziehungen, Ängsten und Schuldgefühlen kommen muss. Die Chancen, sich gegen derartige Manipulationen zu wehren, sind schlecht. Wer fängt Streit mit der leidenden Mutter oder dem leidenden Vater an? Wutgefühle können meist nicht offen geäußert werden, sie werden »geschluckt«. Oft bilden sie die Grundlage für eine Depression und für eine abhängige Persönlichkeitsstruktur. Betroffene fühlen sich vor allem ohnmächtig, ausgeliefert. Die Wut, die den Adressaten nicht erreichen kann, findet kein Ventil und richtet sich so gegen die eigene Person.

Die Entwertung

Zunächst möchte man glauben, dass die Tochter, die für die Mutter so wichtig ist, einen besonderen Wert erfährt. Sie wird beachtet, umsorgt, und die Mutter widmet ihr viel Zeit. Die spätere Gänsemagd hat eine Entwertung erfahren, die sich in ihrem Selbstgefühl deutlich ausdrückt. Die Ursache dafür, dass sich viele Menschen klein und minderwertig fühlen, ist nicht immer leicht zu verstehen. Selten wird man die Gründe da suchen, wo sie in Wahrheit liegen. Im Falle der Gänsemagd ist es wichtig, den Missbrauch durch die Mutter als Entwertung zu verstehen. Wer seine Tochter klein und abhängig hält, um sie für sich selbst zu behalten, verhindert Reifung und Selbstständigkeit und verursacht Entwertung. Die Persönlichkeit, der man Eigenständigkeit nicht zubilligt, die man nach Belieben für sich selbst benutzen und missbrauchen kann, wird nicht nur in ihrer Entfaltung behindert, sondern auch herabgemindert, verletzt und um ihre wahre Identität betrogen. Wie sich zeigen wird, kann sie die Rolle der Königstochter nicht einnehmen. Ihr wird nur die Rolle der minderwertigen Gänsemagd bleiben.

Aus einem Lebensbericht:

Meine Mutter war immer die, die alles konnte, die alles wusste und die perfekt war. Sie hat mir stets zu verstehen gegeben, dass ich ohne sie nicht bestehen kann. Immer hat sie versucht, alle meine Probleme zu lösen. Wenn sie mir nicht geholfen hat, dann hat sie sich um den kranken Nachbarn gekümmert. Ich glaube, irgendwie hat sie es genossen, dass ich später im Leben Probleme bekam, da konnte sie wieder wichtig für mich werden.

Der Nährboden für Minderwertigkeitsgefühle ist der emotionale Missbrauch durch eine dominante Mutter.

Durch Verwöhnung findet in gewisser Weise ebenfalls Entwertung statt, da auch hier keine Selbstständigkeit zugebilligt wird. Man traut z. B. dem Heranwachsenden nicht zu, allein zurechtzukommen. Kinder und Jugendliche wollen angemessen frustriert werden. Dies bedeutet: Nicht zu viel und nicht zu wenig. Nur wer früh lernt, mit Niederlagen konstruktiv und kreativ umzugehen, kann die »seelischen Muskeln« erwerben, die benötigt werden, um das Leben eigenständig zu meistern.

Entwertung findet auch dann statt, wenn dies nicht bewusst und ohne Absicht geschieht. Viele Eltern behaupten, nur das Beste für Tochter oder Sohn zu wollen, und sind von ihrer Meinung selbst zutiefst überzeugt. Ihre selbstbezogenen, egoistischen Motive werden überspielt, abgestritten, negiert und zurückgewiesen. Wie sich zeigen wird, ist die *Verleugnung* der zentrale Abwehrmechanismus, der an dieser Stelle äußerst konsequente Verwendung findet. Für die Mutter ist es fast unmöglich, ihr selbstsüchtiges Verhalten klar zu erkennen, dazu müsste sie ihre gesamte Lebensplanung hinterfragen.

Die Entwertung haben wir darin erkannt, dass die Tochter für die Bedürfnisse der Mutter benutzt wird. Selten wird erkannt, dass nicht das Wohl der Tochter im Vordergrund steht, sondern die Not der Mutter. Ihre Defizite soll die Tochter beseitigen helfen.

Spätestens jetzt sollte deutlich werden, dass nicht nur Töchter in die Partnerersatzrolle geraten können, sondern mindestens genauso oft Söhne. Das, was bisher zu der problematischen Beziehung zwischen Mutter und Tochter gesagt wurde, gilt auch in fast gleicher Weise für die Mutter-Sohn-Beziehung. Die mitunter extrem negativen Folgen für die Persönlichkeitsentwicklung sind ähnlich. Die Unterschiede werden weiter unten untersucht. Auch Väter, die emotional bedürftig sind, bringen ihre Tochter oft in die »Partnerersatzrolle«. Die Folgen sind auch hier ähnlich und durch innere Unfreiheit und mangelnde partnerschaftliche Liebesfähigkeit gekennzeichnet. Wenn (partnerschaftliche) Liebe zwischen Mutter und Sohn oder Vater und Tochter fortdauert, wird es ein zentrales Problem geben: Der Platz im Herzen des Sohnes oder der Tochter ist besetzt. Ein Partner oder eine Partnerin wird hier nicht genügend Raum für sich finden, da sie in der Liebe immer hinter Vater oder Mutter zurückstehen werden[1].

Im Folgenden werden, weil es um das generelle Problem der emotionalen Abhängigkeit geht, immer auch Beispiele aus anderen *Beziehungsfallen* gewählt. Was hier eine Tochter beschreibt, hätte auch von einem Sohn erzählt werden können:

Meine Mutter verstarb im Alter von 89 Jahren, sie führte ein schönes Leben: Vor allen Dingen hatte sie eine Tochter, die immer für sie da war.

Es war eine Patientin, die diese Zeilen schrieb. Während ihres gesamten Lebens hatte sie die Bedürfnisse ihrer Mutter immer über die eigenen gestellt. Nie war es ihr gelungen, eine feste Partnerschaft einzugehen und persönliches Glück zu finden. Obwohl sie beruflich nicht ohne Erfolg war, blieb sie in der Opferrolle. Das Bemühen, eine gute Tochter zu sein, die eigenen Bedürfnisse zurückzustellen, ließ sie suchtkrank werden. Während der Therapie erkannte sie immer deutlicher den Käfig, in dem sie gelebt hatte.

Betrachten wir die Entwicklung aus einem geeigneten Abstand, lässt sich leicht erkennen, dass diese Tochter die Probleme der Mutter nicht lösen kann. Ihre Einsamkeit, ihre Sinnlosigkeit, ihre Unfähigkeit zur partnerschaftlichen Liebe kann die Tochter nicht wirklich auflösen. Ihre Anwesenheit und Verfügbarkeit kann lediglich die innere Not der Mutter lindern und überdecken. Weil die Tochter die Mutter letztlich nicht zufrieden stellen kann, wird die Mutter mehr von ihr fordern, immer mehr. Nach dem Motto: Du musst mir mehr geben, dann werde ich auch zufrieden sein.

Eine tiefere Zufriedenheit kann sich jedoch nicht einstellen, weil eine Tochter den Partner nicht wirklich ersetzen kann. Trotzdem wird die Mutter die Tochter verantwortlich machen. Sie wird ihre Unzufriedenheit, ihre Wut darüber, vom Leben betrogen worden zu sein, auf die Tochter projizieren. »Es ist deine Schuld, dass es mir nicht gut geht«; so ihre oft verschlüsselte Botschaft an die Tochter: »Du bist meine Tochter, also musst du für mich da sein!«

Ein Teufelskreis von süchtigem Charakter ist entstanden. Nicht Alkohol oder eine sonstige Droge wird als Mittel zur Problemlösung missbraucht, sondern die eigene Tochter. Dies wird von den

Beteiligten meist nicht erkannt. Wie bei jeder anderen Suchtkrankheit geht der Blick für die Tatsachen verloren. Eigentlich müsste die Tochter sich von der Mutter verraten fühlen, weil diese ihrer Rolle, sie in die Unabhängigkeit zu begleiten, nicht gerecht wird. In der Realität ist es jedoch häufig umgekehrt: Immer wieder fühlt sich die Mutter verraten, weil die Tochter sich nicht genügend um sie kümmert.

Die Tochter ist immer nur Ersatz für einen Partner, den man lieben könnte. So gerät sie in ein ausweglosses Dilemma. Sie fühlt sich als Versagerin, da sie den Auftrag der Mutter nicht erfüllen kann, und leidet daher unter Schuldgefühlen. Um dies zu vermeiden, wird sie mit allen Mitteln versuchen, die Mutter zufrieden zu stellen. Eine unlösbare Aufgabe, der sie sich trotzdem nicht zu entziehen vermag. Den Erwartungen der Eltern nicht gerecht zu werden verursacht Minderwertigkeitsgefühle und Schuldgefühle, die immer nur den einen inneren Antrieb in Bewegung bringt: Ich muss noch mehr tun, ich muss erreichen, dass Mutter zufrieden ist.

Die Mutter bleibt die zentrale Person für ihre Tochter. Selbst wenn räumliche Distanz vorhanden ist, wird sie die überbewertete Rolle vor allem in ihrem Inneren spielen. Die Tochter wird der dominanten Mutter glauben müssen, dass sie eine Versagerin ist. Aber auch wenn sie sich gegen diese Botschaft wehrt, wird diese ihre verheerende Wirkung haben. Wir erkennen hier ein zentrales Problem der Abhängigkeit und warum man abhängig bleibt, obwohl man sich gegen die Botschaft der Eltern wehrt. Dies wird weiter unten ausführlich erläutert.

Die eigenen Bedürfnisse nach Unabhängigkeit und Selbstbestimmung stehen häufig im Widerspruch zu den Erwartungen der Mutter. Viele Opfer dieser Beziehungsfalle haben gründlich gelernt, ihre wahren Bedürfnisse nicht mehr zu spüren. Sie funktionieren in einem abhängigen System und sehen für sich selbst keinen Ausweg. Ihre eigene Persönlichkeitsentwicklung muss unter diesen Bedingungen mangelhaft bleiben. Wir werden sehen, dass die Tochter ihre Defizite im Sinne einer Familientradition mitnimmt und andere ausbeuten muss, nicht selten sind dann die eigenen Kinder die Opfer. Wie Lieben funktioniert, wird in der eigenen Familie gelernt. Mangelhafte Formen der Liebe und kranke Beziehungsmuster werden übernommen und in die nächste Generation übertragen.

Die natürliche Reaktion auf das Verhalten der Mutter wäre, dass die Tochter mit Wut antwortet. Der starke Ärger über Unfreiheit und Beschlagnahmung, über Betrug und Einschränkung wird jedoch selten angemessen zum Ausdruck gebracht. Die Tochter in der Rolle der Gänsemagd wird typischerweise nach dem Motto »Ich bin eine Versagerin, ich kann mich von meiner Mutter nicht lösen« Wut gegen sich selbst richten. Dies ist ihr größtes Problem. Darum wird es gehen, wenn sie ihre Lage verbessern will. Wut und Ärger sind auf nachhaltige Weise blockiert – und diese Blockade bestimmt die gesamte Existenz.

Abhängigkeit wird zum Bestandteil der Persönlichkeit und wandert förmlich in der Seele des Betroffenen mit.

Wenn das deine Mutter wüsste ...

Diese Aussage wiederholt sich einige Male im Märchen und muss deshalb als besonders bedeutsam angesehen werden. Die Königstochter beklagt ihr Schicksal und wendet sich innerlich immer wieder ihrer Mutter zu, so, als könnte eine mögliche Rettung nur von ihr kommen. Sie ist ein Kind geblieben, das nach der Mutter ruft.

So wie die Gänsemagd erleben viele Menschen in unserer Gesellschaft die Welt. Sie sind nicht wirklich erwachsen und unabhängig. Innerlich fühlen sie sich wie Kinder. Selbst wenn sie nach außen Stärke, Macht und Härte zeigen, sind nicht selten gerade diese Verhaltensweisen, wenn sie übertrieben zum Ausdruck gebracht werden, Hinweise auf tiefe Angst vor Unterlegenheit, Abhängigkeit und Bevormundung.

Die Königstochter, die im Verlauf des Märchens zur Gänsemagd wird, spiegelt diese Problematik deutlich. Die enge Beziehung zur Mutter, die in der Kindheit Halt und Sicherheit vermittelte, ist für die erwachsene Frau zur Falle geworden. Wenn sie immer noch darauf setzt, nur hier Unterstützung zu erfahren, wird sie scheitern müssen. Der Übergang vom Kind zur Frau ist nicht gelungen. Sie denkt wie ein Kind, und sie fühlt wie ein Kind.

Immer, wenn es schwierig wird, wenn es eigentlich darum ginge, etwas zu tun, zu kämpfen, sich zu wehren oder konsequent zu handeln, wird wie mit einem tiefen Seufzer dieser Satz formuliert: »...wenn das deine Mutter wüsste, das Herz tät' ihr zerspringen«. So als wären Resignation, Hoffnungslosigkeit und Tatenlosigkeit das einzig Mögliche. Die innere Hinwendung zur Mutter ist zwar keine geeignete Lösung, aber sie würde verstehen, würde helfen, würde Gerechtigkeit herstellen. Das Leben erscheint der Prinzessin so ungerecht, es ist hart und spielt ihr grausam mit.

Unweigerlich stellt sich die Frage, wie es dazu kommen konnte, dass der Prinzessin keine Alternative möglich erscheint als die Klage. Viel zu sehr wurden ihr in der Vergangenheit von der Mutter alle Schwierigkeiten und Belastungen abgenommen. Sie brauchte nicht zu lernen, sich zu wehren, Position zu beziehen, sich auseinander zu setzen. Sie lernte nicht zu kämpfen, Wut und Ärger zu zeigen und einen eigenen Standpunkt zu erobern. Sie lernte vielmehr, dass Hilfe nur von außen kommen kann, dass die Mutter für sie sorgt und alle Konflikte löst.

Die abgöttische Liebe, mit der manche Väter oder Mütter an ihren Kindern hängen, hat oft tiefere Gründe, die verstanden werden wollen. Von außen ist ideale Harmonie zu erkennen. Wie sehr diese Kinder jedoch schon früh in einem inneren Gefängnis leben, lässt sich nur schwer erkennen.

In der Beziehung zu den Eltern lernen Kinder und Jugendliche, sich zu entfalten, ihren Platz in der Gemeinschaft einzunehmen und selbstständig zu werden.

Entscheidend ist, dass die Mutter sich selbst nicht bewusst ist, dass sie ihre Tochter missbraucht. So könnte sie auch nicht sagen: Du sollst mir den Partner ersetzen, oder du sollst meinem Leben Sinn geben, allein kann ich dies nicht, ohne dich ist mein Leben bedeutungslos und leer. Meistens hat die Mutter daher ein Erklärungsmuster, mit dem sie argumentiert und versucht, ihre Forderungen durchzusetzen. Dabei erpresst sie mit Gefühlen, eine besonders negative und nicht selten bösartige Methode, andere zu manipulieren und gefügig zu machen.

In den Erklärungsmustern finden wir immer Betrug und Selbstbetrug.

Beispiele:

Ich will doch nur dein Bestes

Dieser Satz kann getrost in »Ich will doch nur *mein* Bestes« umgewandelt werden. Wenn es darum geht, in das Leben einer erwachsenen Tochter oder eines erwachsenen Sohnes hineinzuregieren, wird dieser Satz oft benutzt: »Ich will doch nur dein Bestes«. Hier wird Bevormundung gerechtfertigt und vermeintlich entschuldigt. Es fehlt das Vertrauen in die Eigenständigkeit der erwachsenen Tochter/des erwachsenen Sohnes. Dieses Vertrauen wurde nie entwickelt – die tiefere Ursache liegt darin, dass »Abnabelung« und Loslassen nie wirklich vorgesehen waren. Oft werden Mutter oder Vater auf ihre größere Lebenserfahrung verweisen. Dies ist meistens richtig, aber es wird übersehen, dass es notwendig ist, Fehler zu machen, damit Reifung stattfinden und Autonomie sich entwickeln kann. Unterschwellig wird die Angst vor Fehlern geschürt und Abhängigkeit gefördert.

Du brauchst mich

Hier wird die Abhängigkeit offen betont. Der Satz klingt wie eine Drohung; nach dem Motto »*Du kannst es nicht allein, ich bin sicher, dass du es nicht allein schaffst*«, ist er auch eine Prophezeiung. Die Prophezeiungen, die von Eltern so oder ähnlich formuliert werden, tragen immer die starke Tendenz in sich, in Erfüllung zu gehen.

Was habe ich nicht alles für dich getan!

Dieser Satz ist ein Appell an Tochter oder Sohn, endlich etwas davon zurückzugeben, wofür man sich so geopfert hat. Der Gedanke, dass Kinder, weil sie versorgt und erzogen wurden, gegenüber den Eltern in der Pflicht stehen, wenn diese tatsächlich Hilfe benötigen, ist richtig. Dies gibt Eltern jedoch nicht das Recht, Anpassung und Gehorsam zu fordern oder mit dem Erzeugen von Schuldgefühlen zu erpressen. Sie haben vor allem nicht das Recht, ihr Kind emotional auszubeuten, es für ihre egoistischen Ziele zu missbrauchen.

In der Psychotherapie ist immer wieder zu beobachten, dass Eltern ihre erwachsenen Kinder »kaufen«. Durch materielle Zuwendung wird Abhängigkeit geschaffen, die auch die Verwöhnung aufrecht erhält. Die Formel für Freiheit ist simpel, aber oft sind Betroffene nicht bereit, den Preis dafür zu bezahlen: Sie müssten nur bereit sein, keinerlei materielle Zuwendung mehr anzunehmen – und beginnen, das zu Unrecht Erhaltene zurückzugeben. Nur so lässt sich das Selbstwertgefühl herstellen, das unter der Abhängigkeit nicht entfaltet werden konnte. Hier werden dann meist Argumente wie folgt laut: »Dann kann ich meine Miete nicht mehr bezahlen«, oder, »dann muss ich mein Auto abmelden« bzw. »kann meine Ausbildung nicht fortführen«. Die Frage lautet an dieser Stelle: Will ich in der Abhängigkeit bleiben oder nicht? Man kann eine kleinere Wohnung nehmen, öffentliche Verkehrsmittel benutzen, neben der Schule einen Job haben etc. Abhängigkeit bedeutet immer, dass beide nicht loslassen wollen. Leichter ist es, zunächst im bequemen Elend zu verharren.

Ich hab' dich doch so lieb

Wer kann denn soviel Liebe zurückweisen? Nach dem Motto: meine Liebe zu dir rechtfertigt mein besitzergreifendes Verhalten. Mit größter Selbstverständlichkeit werden die Persönlichkeitsgrenzen überschritten und missachtet. Natürlich kann (Affen-)Liebe erdrücken!

Du warst schon immer ein Problemkind

Dieser Satz dient als Rechtfertigung dafür, dass man sich immer noch um das Kind kümmert. Tatsächlich sind einige Kinder schon früh Problemkinder, andere werden dazu gemacht. Sie bedürfen eines erhöhten Maßes an Fürsorge und Aufmerksamkeit. Dies kann Eltern, besonders Mütter überfordern. Die Folge ist dann meist eine extrem wechselnde Haltung.

Frau P. ist von Geburt an leicht körperbehindert: Ein Bein ist kürzer und verbildet. Bereits während der ersten Lebensjahre waren mehrere Krankenhausaufenthalte von längerer Dauer erforderlich. Ihre Mutter geriet wie die Mütter vieler Behinderter in die selbst gestellte Falle, ihrer Tochter viel zu viel abzunehmen. Sie wollte den Defekt möglichst ausgleichen und am liebsten ungeschehen machen; man versuchte, ihn möglichst zu ignorieren. Frau P. wurde sozusagen »in Watte gepackt« und blieb in ihrer Haltung abhängig und unselbstständig. Sie hatte nicht gelernt, sich mit ihrer Behinderung abzufinden und »das Beste daraus zu machen«, da es nie zu einer tieferen Trauerarbeit bezüglich der Behinderung gekommen war. Dies hätte es ihr ermöglicht, ein inneres JA zu sich selbst und zu ihrem Sosein zu finden. Sie blieb auf die Mutter fixiert, von der sie sich nicht zu lösen vermochte. In sozialen Bezügen, am Arbeitsplatz und im Freundeskreis, stellten sich immer wieder typische Probleme ein. Sie projizierte ihr inneres Problem auf die soziale Gruppe: »Ihr seid schlecht, weil ihr mich in meiner Behinderung nicht akzeptiert.« Die Folge waren unlösbar erscheinende Konflikte, die zum Bruch der Beziehungen führten. Frau P. war nur in der Lage, sich in der Opferrolle zu sehen.

Ich bin krank, du musst dich um mich kümmern

Immer wenn ich in Urlaub fahren wollte, wurde meine Mutter krank. So beschrieb Frau M. die Methode, mit der ihre Mutter sie erpresste. Immer wieder täuschte diese Hilfosigkeit und Krankheit vor, um sie tätig werden zu lassen. Obwohl Frau M. wusste, dass ihre Mutter viele Dinge selbst erledigen konnte, gab sie immer wieder deren Forderungen nach. Sie blieb einerseits wütend auf die Mutter, andererseits auf sich selbst, weil sie sich ausbeuten ließ.

Der Terror mit dem »kranken Herzen«

Erst vor kurzem feierte die Mutter von Frau A. ihren 85. Geburtstag. Solange sich Frau A. zurückerinnern konnte, wurde sie mit dem angeblich kranken Herzen ihrer Mutter terrorisiert. Theatralische Herzanfälle traten immer dann ein, wenn die Patientin etwas tat, das der Mutter nicht gefiel.

Die Manipulation über die Herzkrankheit ist nicht selten eine extreme Form der Ausbeutung. Die Angst, dass Mutter oder Vater sterben könnten, drückt wie ein mächtiger Alb und mobilisiert die weichen Gefühle des Kindes. Schuldgefühle werden bewusst provoziert und Anpassung erzwungen. Kinder werden um ihre Freiheit betrogen, sie werden verunsichert und emotional manipuliert. Die wahren Bedürfnisse des Kindes werden unterdrückt. Die Alternative wäre, hart und gefühllos auf das makabre Spiel zu reagieren. Dies würde aber bedeuten, den Elternteil als Liebesobjekt zu verlieren.

Schwerwiegend ist auch, dass das Kind um seine Wahrnehmung

betrogen wird. Der gesunde Menschenverstand sagt ihm, dass Mutter oder Vater eigentlich nicht so krank sein kann, aber dieser Empfindung darf es nicht trauen. Immer bleibt ein Unsicherheitsfaktor und so ist es weniger gefährlich, sich anzupassen, allerdings oft mit Wut auf denjenigen, der manipuliert, und auf sich selbst, weil man sich manipulieren lässt.

Der Terror mit Krankheit ist ein weit verbreitetes Problem. Der oder die »Erpresser« haben nicht selten tatsächlich körperliche Schmerzen oder Beschwerden. Der Asthma-Anfall findet tatsächlich statt, die Herzbeschwerden stellen sich tatsächlich spürbar ein. Die Erziehung mit Schuldgefühlen verursacht angepasste, abhängige Persönlichkeiten.

Viele Menschen sind einsam, weil sie nie unabhängig wurden. Sie haben weder eigene Interessen noch einen eigenen Freundeskreis. Sie glauben, dass sie ein Recht darauf haben, dass sich Tochter oder Sohn nur um sie kümmern. Erwachsene werden für die Probleme ihrer Eltern in die Verantwortung gedrängt.

Der Terror mit Sexualität

Jahrhundertelang ist es christlichen und anderen Religionsgemeinschaften gelungen (und es gelingt noch immer), über strenge Moralvorschriften insbesondere bezüglich der Sexualität demütige Untertanen zu erzeugen. Die Angst vor Schuld führt in die Abhängigkeit. Eltern versuchen über strenge Sexualvorschriften bei ihren Kindern Schuldgefühle zu erzeugen, um ein Instrument der Anpassung zu behalten. Ein Vater, der seine Tochter eine »Hure« schimpft, weil sie einen Jungen geküsst hat, macht aus seiner rasenden Eifersucht kaum noch einen Hehl. Oft sind es bedürftige Eltern, die versuchen, ihr Kind über Schuldgefühle zu manipulieren.

Liebesentzug ist kein eigentliches Erklärsystem, ist aber an dieser Stelle mit zu erwähnen, weil gerade mit diesem Mittel oft sehr wirkungsvoll Anpassung erpresst wird. *Meine Mutter sprach dann tagelang nicht mehr mit mir ...* so die Aussage einer Patientin. Weiter berichtete sie, dass sie diese Maßnahme unerträglich fand. *Schließlich war ich bereit, alles zu tun, um dem bösen Spiel ein Ende zu machen, ich war froh wenn sie endlich wieder mit mir sprach.*

Auch subtile Einschüchterungen, ein einzelnes Wort, eine Geste, ein Blick, der Bände spricht, verursacht Anpassung, Schuldgefühle und Skrupel. Vorgetäuschte Selbstmordversuche oder die Suiziddrohung sind nicht so selten wie allgemein angenommen. Abwertungen und Beschimpfungen gehören zu den aggressiven Mitteln, die Eltern offen einsetzen, um Unterordnung zu erzwingen. Dagegen kann man sich noch am ehesten wehren. In der Therapie begegne ich jedoch immer wieder Menschen, die unter den Kränkungen und Schmähungen eines Elternteils jahrelang litten.

Zu den Erklärungsmustern gehören mitunter kuriose Verhaltensweisen. Konflikte werden erzeugt, die eigentlich völlig überflüssig wären, jedoch zumindest Kontakt herstellen oder erhalten. Es scheint als sei Streit und der tägliche Kleinkrieg, den man auch zwischen Ehepartnern kennt, in diesem Zusammenhang immer noch besser als keine Begegnung.

Der königliche Brautschatz

Der königliche Brautschatz steht für die äußeren Dinge, die die alte Königin ihrer Tochter mit auf den Weg gibt. Besitz, Geld und Kapital ist, wenn im Überfluss vorhanden, nicht unweigerlich nur eine positive Erbschaft. Gerade materieller Luxus führt bei vielen Menschen zu innerer Leere. Das ererbte Gut verführt zu der Haltung, selbst wenig leisten zu müssen. Gerade Kinder und Jugendliche aus wohlhabenden Elternhäusern haben es nicht selten schwer, eigene Wertvorstellungen zu entwickeln und eigene Leistungen zu erbringen.

Persönliches Wachstum wird u. a. dadurch entwickelt, dass die eigene Kreativität, der Wille zu eigenständigen Leistungen im Rahmen der Möglichkeiten entfaltet werden. Der berechtigte Stolz auf eigene Leistung wird denen, die nichts zu leisten brauchen, denen alles gegeben wird, ohne dass dafür etwas erwartet wird, genommen. Verwöhnung führt zu Depression und, weil Eigenständigkeit nicht gelernt wurde, zu Abhängigkeit. Zufriedenheit, so die frühe und prägende Erfahrung, kann sich nur einstellen, wenn andere die eigenen Bedürfnisse befriedigen. Selbst wenn dies stattfindet, will sich keine rechte Freude einstellen; denn verwöhnte Menschen haben letztlich das Gefühl, dass es nicht ausreicht, was ihnen gegeben wurde: sie bleiben hungrig. Verwöhnte Menschen haben gelernt, dass Liebe bedeutet, etwas geschenkt zu bekommen – ein verhängnisvoller Irrglaube, der manchmal nur schwer zu korrigieren ist und zu Liebesunfähigkeit führt. Schließlich bleibt die Angst vor dem Verlust all dieser materiellen (Schein-)Sicherheiten.

Im weiteren Verlauf des Märchens erkennen wir eine lebensuntüchtige Person, die sich nicht zu wehren weiß und keine Möglichkeiten zu kennen scheint, ihr eigenes Leben zu bewältigen. Daher ist die Vermutung berechtigt, dass der königliche Brautschatz so groß war, dass es bis dahin nie erforderlich war, selbst tätig zu werden, etwas zu erkämpfen und Zähne zu zeigen. Seelische Muskeln können nur wachsen, wenn Kinder auch lernen, Frustration zu ertragen, wenn sie lernen, mit Schmerz umzugehen, aus Niederlagen die notwendigen Konsequenzen zu ziehen und möglichst gestärkt aus solchen Ereignissen hervorgehen. Unabhängigkeit und Eigenständigkeit sind ohne Frust, Stress, Rückschläge und Enttäuschung nicht zu erreichen. Eltern, die versuchen, ihren Kindern dies zu ersparen, verhindern deren gesunde Entwicklung. Gerade bei unserer späteren »Gänsemagd« werden wir immer wieder auf diese verhängnisvolle Spur stoßen: dass ihr zu viel abgenommen wurde, dass sie nicht lernen durfte, sich zu wehren, und demzufolge Angst und Unsicherheit ihr Leben bestimmten.

Falada, das sprechende Pferd

Das Pferd ist in Märchen und Träumen das Symbol für die innere Kraft, die bei jedem unterschiedlich stark wirkt. Jeder Mensch verfügt über mehr oder weniger starke Antriebe, mit denen er Ziele verfolgt und Aufgaben erledigt. Das Pferd Falada steht für die Vitalität und Lebensenergie der Königstochter, die später zur Gänsemagd wird. Die Mutter gibt ihr diese Energie scheinbar mit: ein edles Ross, auf dem sich gut reiten lässt – so die Erwartung. Wieder ist zu erkennen, wie sehr die Mutter ihrem Kind den Weg bahnt, und ihn möglichst bequem einrichtet. Die Nachteile, die dies für Unabhängigkeit und Eigenständigkeit hat, liegen nahe.

Das Pferd kann sprechen – wie wunderbar, möchte man meinen. Aber – was spricht dieser Gaul: Immer nur dasselbe. »Wenn das deine Mutter wüsste« … zu mehr ist er nicht in der Lage. Eigentlich müsste man doch viel mehr von ihm erwarten können. Und so bleibt Falada eine Enttäuschung. Aber es wird noch schlimmer kommen, man wird diesem Pferd den Kopf abschlagen und es so um seine wahre Bestimmung bringen. Wie lassen sich diese Bilder verstehen, was bedeuten sie?

Wenn wir darüber nachdenken, lösen sich die Rätsel bald auf. Es ist tatsächlich so, wie es das Märchen bildhaft zum Ausdruck bringt: Zunächst werden die Antriebe von der Mutter bzw. von den Eltern bestimmt. Fast jeder kennt Ansporn auf folgende oder ähnliche Weise: *Werde was; nur wer hart arbeitet, kann sich später etwas leisten; du sollst es einmal besser haben als ich; mach mir Freude, indem du etwas wirst…* Diese »Antreiber« wirken unterschiedlich, oft wirken sie lebenslänglich. Bei vielen verursachen diese Vorgaben Trotz und in der Pubertät nicht selten Leistungsverweigerung.

Diese Lebensphase ist geradezu notwendig, um die eigenen Kräfte zu wecken. Viele glauben nur, dass es ihre eigenen Ziele sind, die sie mit Energie verfolgen. Den meisten bleibt verborgen, dass sie nur den Vorgaben der Eltern folgen und nach deren Wertmaßstäben leben und handeln. Mitunter ist dies auch für sie selbst nicht sehr offensichtlich.

Frau F.s Bruder war bei den Eltern wegen seiner guten schulischen Leistungen hoch geschätzt. Frau F. selbst hatte schulische Probleme. Sie litt unter der Erfolglosigkeit und der Missachtung des Vaters, der ihr den Bruder als Vorbild vor Augen stellte. Die Wut über den Vater, dem sie beweisen wollte, dass sie besser sei als ihr Bruder, war ein starker innerer Antrieb. In ihrer Sucht nach Anerkennung mobilisierte sie viel Energie, scheiterte jedoch an sich selbst. Immer wieder zerstörte sie Erreichtes oder sorgte auf eigenartige Weise dafür, dass sie erfolglos blieb.

Nur mit Abstand ist zu erkennen, dass Frau F. von ihrem Vater, dessen Liebe und Zuneigung sie sich erarbeiten wollte, abhängig blieb. Sie verfolgte nicht wirklich eigene Ziele und Vorhaben, sondern der wahre Beweggrund ihres Handelns war, endlich geliebt und akzeptiert zu werden. Die innere Wunde, die narzisstische Kränkung, war nicht verarbeitet.

Von außen ist oft nicht zu erkennen, warum jemand viel Energie investiert und immer wieder scheitern muss. Auf das Bild von Falada übertragen bedeutet dies, dass Frau F. auf einem Ackergaul landete, sich abplagen musste und letztlich ihre Energie verlor – wie Falada, dessen Kopf abgeschlagen wurde. Frau F. wurde schließlich suchtkrank.

Frau S. beschreibt ihre Schwierigkeiten, die u. a. in großer Antriebslosigkeit bestehen. »Manchmal sitze ich eine Stunde da und kann mich nicht dazu entschließen, etwas zu tun. Ich starre vor mich hin und bleibe passiv. Wenn mir jemand sagt, was ich tun soll, geht das, weil ich dann weiß, was ich zu tun habe. Ich leide sehr darunter, keine Eigeninitiative ergreifen zu können.«

Die Unfähigkeit, Entscheidungen zu treffen, ist ein wesentliches

Merkmal der abhängigen Persönlichkeitsstörung. Bei Frau S. handelt es sich um eine Blockade der Antriebe.

Gerade die Energie, die in einem Menschen vorhanden ist, sein innerer Motor und wie dieser gespeist wird, bestimmt das Leben wesentlich.

Menschen in der Rolle der Königstochter haben gelernt zu gehorchen und sich anzupassen. Die Pubertät hat meist nicht stattgefunden, da es nie wirklich zu einer Auseinandersetzung mit den Eltern kam. Die dominante Mutter oder der dominante Vater hätten sowieso gewonnen. Weil Mutter oder Vater es sagen und für richtig befinden, tun solche Kinder ihre Pflicht. Sie sind angepasst und haben eine vermeintlich bequeme Art, durch das Leben zu kommen. So kann auch die Königstochter zunächst Falada, das edle Ross, besteigen. Durch die gute Vorsorge der Mutter hat sie scheinbar alles, was sie braucht, um ein unbeschwertes Leben führen zu können. Sehr bald jedoch ist ihre Lebensuntüchtigkeit zu erkennen. Sobald sie den »Dunstkreis« ihrer Mutter verlässt, kommt es unweigerlich zu größten Schwierigkeiten. Menschen mit einer abhängigen Persönlichkeitsstruktur verlieren auf Dauer ihre Kräfte und Antriebe. Viele ihrer Aktivitäten führen sie in einen Teufelskreis, in Hoffnungslosigkeit, Depression und Sucht.

Die Sonne scheint warm, und sie leidet unter großem Durst

Das Leben erscheint hart und erbarmungslos. Der Lebensweg ist vor allem für verwöhnte Menschen beschwerlich. Ständig in der Erwartung, dass andere für sie tätig werden, empfinden sie die Welt als ungerecht. Wem immer alles abgenommen wurde, wer in diesem Sinne Verwöhnung erfahren musste, hat solche Erwartungen auch weiterhin. Für die Prinzessin ist es selbstverständlich, dass sie sich nicht um die kleinen Mühsale des Lebens kümmern muss; sie ist gewohnt, bedient zu werden. Die Prinzessin lebte klein und niedlich im Schlaraffenland, wurde von der Mutter bedient und umsorgt. Sie blieb unselbstständig mit der tiefen (Anspruchs-)Haltung, dies auf immer zu erfahren.

Während eines Familienseminars waren die Eltern von Patienten eingeladen. Auch die Eltern von Frau K. waren anwesend. Die Teilnehmer hatten in einem Stuhlkreis so Platz genommen, dass die Familienmitglieder nebeneinander saßen. Meiner Bitte, sich jeweils gegenüber zu setzen, damit die Familienmitglieder sich im Gespräch anschauen könnten, kamen sie bereitwillig nach. Schnell sprangen die Eltern von Frau K. auf, um ihrer Tochter gegenüber Platz zu nehmen. Diese kleine, unbedeutend erscheinende Szene spiegelte die selbstverständliche Haltung der Eltern, alles für die Tochter zu tun, wider. Die schon gebrechlichen älteren Herrschaften kamen nicht auf die Idee, sitzen zu bleiben, ebenso wenig die Tochter darauf, ihrerseits den Platz zu wechseln. In größter Selbstverständlichkeit blieb sie sitzen, in der Erwartung, dass die Eltern es schon richten würden.

Dieses kleine Beispiel spiegelt das Lebensdrama vieler verwöhnter Menschen wider. Die Wünsche, die die Eltern selbstverständlich erfüllen, werden von anderen Menschen längst nicht befriedigt. Eine solche Erwartung ist jedoch weitestgehend vorhanden.

In der Psychotherapie wird von *gelernter Hilflosigkeit* gesprochen: ein Lebensmuster, welches auch die Gänsemagd in sich trägt. Wie wir erkennen, fühlt sie sich an vielen Stellen hilflos. Sie glaubt, Konflikte nicht bewältigen zu können. Die passive Haltung ist bei Menschen, die das *Gänsemagd-Syndrom* in sich tragen, mehr oder weniger stark ausgeprägt. Sie bringen agilere, verantwortungsvollere Personen dazu, für sie tätig zu werden. Diese werden durch die Passivität geradezu animiert, die Retterrolle einzunehmen. Vielfach geschieht dies weniger bewusst, eher scheinbar wie von selbst. Im Gegenüber lösen sie jedenfalls Helferimpulse aus.

Um das Verhalten der Prinzessin besser zu verstehen, ist es notwendig, sich ihre Entwicklung zu vergegenwärtigen. Die bereits erwähnte *gelernte Hilflosigkeit* entsteht durch das Verhalten der wichtigen Bezugspersonen. Sie tun für das zunächst kleine und später größere Kind viel zu viel. Indem sie ihm alles abnehmen, *schneiden sie ihm die Hände ab* oder es wird *zahnlos* bleiben. Das, was für ein kleines Kind zunächst angenehm erscheint, hat auch eine andere Seite: Jedes gesunde Kind will die Welt *begreifen*, im wahrsten Sinne des Wortes. Kleine Kinder sind extrem neugierig: Sie wollen alles in den Mund stecken, auseinander nehmen, herunterziehen, untersuchen etc. Dieser natürliche Forscherdrang gehört zu einer gesunden Entwicklung und darf nicht zu stark unterbunden werden. Diese natürliche Neugier ist für kleine Kinder lustvoll, und es ist für sie frustrierend, wenn ihr Forscherdrang unterbunden wird. Wenn das Verhalten des Kindes gefährlich ist, müssen Eltern einschreiten – aber jedes gesunde Kind musste mindestens einmal an der heißen Herdplatte erfahren, dass man sich verbrennen kann. Erzieher, die zu ängstlich sind oder dem Kind alles abnehmen, unterbinden den natürlichen Forscherdrang.

Untersuchungen, die zur *gelernten Hilflosigkeit* durchgeführt wurden, weisen darauf hin, dass eine gewisse Resignation entstanden ist, dass eigenes Handeln sinnvoll sein könnte. Verwöhnte Kinder, denen alles abgenommen wurde, haben auch deshalb nicht gelernt, aktiv zu werden, weil es nicht erwünscht war. Wäre das Kind selbstständig gewesen, hätten seine Erzieher an Bedeutung verloren. Dies musste unter allen Umständen vermieden werden. Das Kind spürt intuitiv, dass es lieber nichts tun sollte, um den Erzieher nicht zu verärgern. Die Sensibilität kleiner Kinder ist enorm, wenn es darum geht, die Erwartungen der Eltern zu erspüren. Sie nehmen jede Stimmung in der Familie auf und verarbeiten sie entsprechend. Sie fühlen, wenn die Eltern selbst Hilfe benötigen, und werden mit allen ihnen zur Verfügung stehenden Mitteln versuchen, sie zu unterstützen. Ebenso spüren sie, wenn von ihnen erwartet wird, untätig zu sein, weil Mutter oder Vater nicht erlauben, selbst aktiv zu werden. In der überlegenen Rolle signalisieren Eltern, dass eigenes Handeln des Kindes häufig nicht erwünscht ist. Eltern suchen die Bestätigung dafür, dass sie in ihrer Rolle wichtig sind. Nur so spüren sie, dass ihr Leben Sinn hat, und glauben für ihre (übertriebene) Sorge geliebt zu werden. Sie nehmen nicht wahr, dass sie die berechtigten Bedürfnisse des Kindes ignorieren und dass sie nur ihre eigenen Bedürfnisse verfolgen, nämlich *wichtig zu sein für das Kind*. Sie handeln, ohne dies zu wollen, letztlich egoistisch.

Wird die Erwartung, verwöhnt zu werden, immer stärker, weil Eltern unfähig sind, Grenzen zu setzen, wird aus dem Kind ein kleiner Tyrann, vor dem die Eltern Angst bekommen. Emotionale Verwahrlosung mit allen möglichen negativen Begleiterscheinungen wie Orientierungslosigkeit, Depression, Drogenabhängigkeit, Kriminalität, Scheitern etc. ist die Folge.

Das Gegenteil von Verwöhnung ist Vernachlässigung, die auch zur gelernten Hilflosigkeit führen kann. Ein Kind, das keine Chance hat, die Eltern durch sein Handeln zu erreichen und ihre Liebe zu gewinnen, wird resignieren. Auch hier ist die Ursache für Hoffnungslosigkeit und tiefe Ohnmacht zu erkennen.

Die Lust, selbst etwas zu tun, erfolgreich Probleme zu bewältigen, auch wenn sie nicht leicht zu bewältigen sind, wird von Kindern, denen das Schicksal der Gänsemagd bevorsteht, kaum oder viel zu selten erlebt. Auch Misserfolg und Scheitern im angemessenen Maße sind wertvolle Erfahrungen, die dazu beitragen, dass junge Menschen heranwachsen, die belastbar sind und gelernt haben, mit Frustrationen umzugehen und nicht in Resignation und Depression zu verfallen.

Wenn Eltern glauben, die Härten des Lebens ausgleichen zu müssen, geraten sie leicht in eine typische Falle. Die allein erziehende Mutter, die meint, dem Kind auch den Vater ersetzen zu müssen, wird eventuell zu einem zu viel an Zuwendung greifen, und durch ihre Schuldgefühle (mein Kind hat keinen Vater, daran bin ich schuld) letztlich nichts Positives, sondern Negatives bewirken. Es ist nicht erforderlich und nicht möglich, irgendjemanden zu ersetzen. Vaterliebe ist durch nichts zu ersetzen. Wer ohne Vater aufwächst, hat dieses Schicksal und muss lernen, damit zurechtzukommen. Eventuell sind Lehrer, männliche Anverwandte oder andere wichtige Personen vorhanden, die Vorbildcharakter haben. Sie sind eher geeignet, die notwendigen Maßstäbe zu vermitteln und Orientierung zu ermöglichen.

In der Erziehung sind Schuldgefühle meist schlechte Ratgeber. Oft führen sie dazu, dass Konsequenzlosigkeit und Überversorgung das Handeln des Erziehers bestimmen.

Verwöhnte Kinder bleiben abhängig und entwickeln leicht ein *Gänsemagd-Syndrom*. Sie werden viele der Merkmale, die weiter unten beschrieben werden, an sich wiederfinden.

Hotel Mama

Der Fernsehfilm *Hotel Mama* hat auf amüsante und oberflächliche Weise auf eine gesellschaftliche Entwicklung aufmerksam gemacht, die vielfach zu beobachten ist. In den letzten Jahren zeichnet sich eine deutliche Tendenz ab, dass viele Heranwachsende alle Vorzüge der elterlichen Versorgung in Anspruch nehmen und gleichzeitig ihre Freiheiten ungezügelt ausleben. Sie leben in der elterlichen Wohnung und lassen sich versorgen. Sie leiden nicht unter Einschränkungen, denn diese erfolgen nicht. Sie führen ein parasitäres Dasein und lassen sich bedienen.

Die Abhängigkeit von den Eltern oder einer Elternperson ist offensichtlich. Sie haben nicht immer die typischen Hemmungen und Minderwertigkeitsgefühle, die wir bei der Gänsemagd erkennen konnten. Die Verwöhnung hat sie egoistisch und rücksichtslos werden lassen. Sie sind gewöhnt, Ansprüche durchzusetzen. Viele Eltern haben Angst vor den Aggressionen ihrer Kinder und sind unfähig, die notwendigen Grenzen zu setzen.

Die emotionale Verwahrlosung wird sich in Partnerbeziehungen negativ auswirken, weil diese Menschen die verwöhnte Haltung auch hier ausleben. Sie entsprechen dann oft der Kammerzofe im Märchen. Sie leiden unter Leere und sind voller Groll, weil sie emotional abhängig bleiben. Die totale Bedürfnisbefriedigung, von der sie träumen, wird sich nicht einstellen. Von ihrer emotionalen Ent-

wicklung her sind sie Vier- oder Fünfjährige. Auch wenn sie beruflich erfolgreich sind, bleibt die emotionale Abhängigkeit und ihr
Hunger nach immer mehr. In vielerlei Hinsicht zeigen sie die Merkmale einer narzisstischen Persönlichkeitsstörung, die weiter unten
beschrieben wird.

Muttersöhne – Vatertöchter
Muttertöchter – Vatersöhne

Jedes Kind in der Familie kann Opfer emotionalen Missbrauchs
werden. Im Märchen zeichnet sich die unheilvolle Entwicklung in
der Beziehung zwischen Mutter und Tochter ab. Andere Beziehungsfallen sind ebenso zerstörerisch und haben ähnliche emotionale
Abhängigkeiten zur Folge. Wenn wir also die Mutter-Tochter-
Abhängigkeit untersuchen, gelten viele Befunde auch für die
anderen Abhängigkeiten, die hier nur kurz erwähnt werden:
Mindestens ebenso häufig werden Mutter und Sohn in eine
Symbiose geraten. Ein kleiner Junge, den die Mutter zu sehr an sich
bindet, wird spöttich als »Muttersöhnchen« bezeichnet. Wie sehr
die zu enge Mutterbindung vieler erwachsener Männer zum
lebensbestimmenden Problem wird, ist kaum zu überschätzen. Die
enge symbiotische Bindung *(unter einer symbiotischen Beziehung
versteht man eine enge, abhängige Verbindung zwischen Personen, die
sehr aufeinander angewiesen sind)* entwickelt sich auch für Männer
meist dadurch, dass sie zum Partnerersatz werden. Sie erleiden ein
sehr ähnliches Schicksal, wie wir es für eine Tochter beschrieben
haben. In vielen Fällen wird ihr Dilemma weiter verschärft. Insbesondere gelingt es ihnen nicht, eine gesunde männliche Identität
aufzubauen. Die Mutter, die sie nicht loslässt, verursacht das
Gefühl, nicht richtig erwachsen zu sein. Sie spüren eine innere Labi-
lität und Kindlichkeit, die sie gerne mit übertriebener Selbstsicherheit und Wichtigtuerei überspielen. Meistens entwickelt der Vater,
wenn es ihn denn gibt, Eifersuchtsgefühle auf solch einen Sohn, der
eine engere Bindung zu seiner Frau hat als er selbst. In seiner Wut

wird er ihn deswegen abwerten, ihn als Schwächling beschimpfen, der viel zu sehr am Rockzipfel der Mutter hängt. So hat der Sohn oft keine Chance, eine positive Beziehung zu seinem Vater aufzubauen. Er wird ihn deswegen hassen und in innerem Unfrieden mit ihm leben.

Dem Sohn gelingt es nicht, sich emotional von seiner Mutter zu lösen, weil er sich verpflichtet, verantwortlich und geliebt fühlt. Auch von seinem Vater bleibt er emotional abhängig. Nach dem Motto: »Du hättest mir mehr Zuneigung geben müssen«, »hast dich nicht um mich gekümmert oder hast mich abgelehnt«, »hast mir das Leben zur Hölle gemacht«, klagt er den Vater an. Er bleibt in Wut und Hass auf ihn fixiert und kann ihn nicht loslassen.

Manchmal ist der Sohn der kleine »Mann« der Mutter; er spielt den Kavalier, den Retter oder Ratgeber. Die notwendige Distanz, die zur Entwicklung von Eigenständigkeit gehört, ist nicht gegeben.

Nicht selten ist solch eine Beziehungskonstellation der Hintergrund für eine Suchtkrankheit. Die innere Unfreiheit wird mit Alkohol oder Drogen kompensiert. Der Suchtkranke bleibt auf die Mutter fixiert, die alle Voraussetzungen für die Co-Abhängigkeit in sich trägt. (Siehe Anhang) Aus dem bisher Geschilderten lässt sich leicht erkennen, dass eine Suchterkrankung in vielen Fällen bereits in der Kindheit ihren Ursprung hat.[2]

Vatertöchter sind Frauen, die auf ihren Vater fixiert bleiben. Viele Töchter werden von ihren Vätern als Partnerersatz emotional missbraucht. Oft besteht eine erotische Spannung, und die Beziehung wird sexualisiert. Ein sichtbares Zeichen der emotionalen Abhängigkeit ist die extreme Eifersucht, mit der Väter ihre Tochter verfolgen, wenn diese eigene Wege gehen, insbesondere, wenn sie sich mit einem Partner treffen wollen. Auch hier finden wir verschiedene »Erklärsysteme«, die wir weiter oben herausgearbeitet haben. Häufig ist es der Vater, der die Tochter verwöhnt und so die Abhängigkeit forciert. Er ist überlegen und tritt immer wieder verwöhnend für die manchmal extremen Bedürfnisse der Tochter ein. Der Vater bleibt in diesem Falle dominant und die Tochter klein und abhängig. Manchmal dominiert auch die Tochter den Vater und lässt sich ihre Zuneigung materiell entlohnen. Der Vater befürchtet den Verlust ihrer Liebe und kommt ihren Forderungen nach. Anders beim hilflosen Vater, für den die Tochter die Verantwortung und die Mutterrolle übernimmt. Der Vater wird versuchen, seine Hilflosigkeit immer wieder unter Beweis zu stellen und so die Tochter an sich ketten. Hat sich die Tochter mit der Mutterrolle identifiziert, wird sie von Schuldgefühlen verfolgt, wenn sie sich lösen will.

Zwischen Vater und Sohn kann es ebenfalls zu einer symbiotischen Beziehung kommen, allerdings wesentlich seltener. Immer, wenn Eltern ihre emotionalen Defizite mithilfe eines Kindes bewältigen wollen, kommt es zu abhängigen Beziehungen. Ein Vater, der beispielsweise selbst zu wenig elterliche Liebe erfahren hat, möchte dieses Defizit ausgleichen, indem er seinem Kind jetzt alles gibt, was er selbst so schmerzlich vermissen musste. Er wird wahrscheinlich sein Kind viel zu eng an sich binden wollen und den emotionalen Missbrauch zunächst nicht erkennen können.

Herr F. spürte, dass etwas, das er nicht verstehen konnte, in der Beziehung zu seinem Sohn nicht richtig war. Der Siebenjährige war sein einziges Kind, das er nach der Trennung von seiner Frau nur vierzehntägig zum Wochenende sehen durfte. Er hatte eine extreme Liebe für das Kind entwickelt. Viele Stunden am Tag dachte er ununterbrochen an den Sohn, und er litt sehr unter der Trennung. Verschiedene Versuche, das Sorgerecht allein zu bekommen, waren fehlgeschlagen. Wenn Herr F. endlich mit seinem Sohn zusammen sein konnte, überschüttete er ihn mit Geschenken und verwöhnte ihn. Auch diesbezüglich quälte ihn ein schlechtes Gewissen, weil er selbstverständlich wusste, dass dies nicht richtig war.

Die weiteren Schilderungen von Herrn F. machten deutlich, dass er für sich selbst wenig Achtung und Liebe empfinden konnte. Er glaubte, ein Versager zu sein, und hatte einen regelrechten Selbsthass entwickelt.

Er wollte nur noch für seinen Sohn leben, nur dies allein erschien ihm sinnvoll.

Während der therapeutischen Gespräche wurde Herrn F. zunehmend bewusst, dass er seinen Sohn emotional missbrauchte. In seinem Kind sah er die letzte Möglichkeit, sein mangelhaftes Selbstwertgefühl zu stabilisieren. So, wie andere Alkohol oder Drogen einsetzen, erfüllte sein Sohn eine vergleichbare Funktion. Die Folge war, dass er sich in starker Weise von seinem Sohn abhängig fühlte. Weil er selbst suchtkrank war, sah er die Parallelen. Er konnte das suchtartige Verlangen, in der Nähe des Sohnes zu sein, besser verstehen. Es war wie ein Entzug, immer wenn er sich von seinem Kind trennen musste.

Die Kammerjungfer

Auch die Kammerjungfer gehört zur Mitgift der alten Königin an ihre schöne Tochter. Wir sahen, dass sie die Gegnerin der Königstochter ist, die es zunächst schafft, sie um ihr Glück zu bringen. Im Märchen scheint es so, dass gerade die Kammerjungfer die Idylle zerstört. Ihre Weigerung, der Königstochter zu dienen und stattdessen ihre Rolle einzunehmen, führte zur Katastrophe.

Die Kammerjungfer wird von der alten Königin als Begleiterin der Königstochter abkommandiert. Maßgeblich trägt sie dazu bei, dass es der Königstochter schlecht geht, dass sie unterdrückt und um ihre wahre Identität gebracht wird. Man möchte fragen, warum die alte Königin dies tut. Sollte sie nicht besser selbst ihre Tochter begleiten? Im Märchen gibt es keinerlei Hinweise, die gegen eine solche Begleitung sprächen. Wieder ist es notwendig, sich der Symbolsprache des Märchens bewusst zu werden. So gilt es zu verstehen, dass wir uns die Kammerjungfrau als die Seiten der Mutter vorstellen müssen, die nicht wohlmeinend, nicht liebevoll und nicht gütig sind. Mit anderen Worten: die Königin wird ihre Tochter begleiten, allerdings in der Gestalt der Kammerjungfer. Wie ist das zu deuten?

Die Mutter, so wie wir sie bisher beschrieben, ist diejenige, die sich opfert, ihre eigenen Bedürfnisse zurückstellt, nur für ihre Tochter da sein wollte. Sie kann die Tochter nicht loslassen, weil sie ihr eigenes Leben ausschließlich auf das Leben ihrer Tochter aufgebaut hat. So will sie das Leben der Tochter »mitleben«. Am liebsten wäre sie selbst an der Stelle der Tochter. Ihr eigenes Leben ist unbefriedigend verlaufen. Sie hat keinen Partner, mit dem sie glücklich und zufrieden sein könnte. Sie hat keine eigenen Lebensziele, keine andere Antwort auf die Herausforderung, dem Leben einen Sinn zu geben, außer den, sich auf die Tochter zu fixieren. So will sie über die erwachsene Tochter bestimmen, ihr Leben nach ihren Maßstäben gestalten und immer wieder diktieren, was sie zu tun hat.

So wird sie eifersüchtig auf die Tochter und kann es nicht ertragen, wenn diese sich frei und unabhängig fühlt. Ob sie will oder nicht, die alte Königin wird ihre Tochter um ihr Glück bringen müssen. Sie wird sich in die Rolle der Kammerzofe begeben und, bildlich gesprochen, der Tochter im Nacken sitzen und sie klein und abhängig halten. Nur so lässt sich verstehen, dass die Königstochter sich die schönen Kleider ausziehen muss, die Kammerzofe (die Mutter) diese Kleider anlegt und selbst auf das edle Ross Falada steigt. Sie wird auf Kosten ihrer Tochter leben.

Spätestens jetzt wird deutlich, wie es zu diesem merkwürdigen Schwur kommen konnte, in dem die Königstochter sich verpflichten musste, von alledem nichts zu sagen. Die Königstochter müsste ansonsten die eigene Mutter anklagen und dafür verantwortlich machen, dass sie um ihre wahre Identität und um ihr Glück gebracht wird. Dies erscheint unmöglich. Viel wahrscheinlicher ist, dass sie sich opfert, »den unteren Weg geht«, und sich mit der Rolle der Gänsemagd abfindet. Die Mutter raubt ihr die Energie zu Eigenständigkeit und selbstbestimmtem Leben. So ist es auch die Mutter, die in der Gestalt der Kammerzofe, Falada den Kopf abschlagen lässt.

Im Folgenden wird die Person der Kammerjungfer ausführlich untersucht. In ihr erkennen wir die Mutter und die *Schatten-*

persönlichkeit der Gänsemagd. Jeder Mensch hat eine Schattenpersönlichkeit. Damit ist meist die dunkle Seite einer Person gemeint, die sie nicht sehen will oder kann, die sie aber begleitet, eben wie ein Schatten. Ob die Gänsemagd will oder nicht, sie wird auch in sich selbst Anteile ihrer Mutter finden, die sie vielleicht bei der Mutter ablehnt oder bekämpft. Sie ist und bleibt schließlich auch Tochter ihrer Mutter und wird viele Verhaltensweisen übernehmen. Diese zweifache Bedeutung ist keineswegs ein Widerspruch. Vieles, was wir in der Person der Mutter finden, wird Bestandteil der Schattenpersönlichkeit der Gänsemagd sein.

Die Untersuchung der Person der Kammerjungfer ist noch in einem weiteren Sinne von Bedeutung. Viele Menschen, die eine abhängige Persönlichkeitsstruktur aufweisen, suchen mit traumwandlerischer Sicherheit einen Partner, der der Kammerzofe entspricht. Dies bedeutet, dass die abhängigen Muster, wie könnte es anders sein, auch Bestandteil der Partnerbeziehung werden.

Narzissmus

Die Kammerjungfer maßt sich etwas an, das sie in Wirklichkeit nicht ist – und dies ist ihr Dilemma. Hinter einer glänzenden Fassade bleibt sie immer Kammerjungfer. Sie gibt vor, Königstochter zu sein, weiß jedoch in ihrem Innern, dass sie diese Rolle nicht wirklich ausfüllen kann. Umgekehrt ergeht es der Königstochter. Sie weiß, dass sie von königlicher Abstammung ist, kann die Rolle aber dennoch nicht leben.

Beide sind von tiefen Minderwertigkeitsgefühlen dominiert, ohne zunächst eine wirkliche Lösung zu finden. Sie versuchen, in ihren Rollen zurechtzukommen, und hoffen, dass sich die Dinge von selbst zum Besten wenden. Dies ist keine ungewöhnliche Art, sondern uns allen bekannt. Erst wenn der Leidensdruck größer wird, suchen Menschen nach anderen Lösungen.

Die Kammerjungfer steht für eine Störung, die in der Klinischen Psychologie unter der Bezeichnung *Narzisstische Persönlichkeits-*

störung zu finden ist. Wie Narziss, der in der griechischen Sage in das eigene Spiegelbild verliebt ist, leiden Betroffene an der Sucht nach Selbstdarstellung und Bewunderung. Ihr übersteigerter Drang, von anderen anerkannt und geschätzt zu werden, soll ihren tiefen Selbsthass überdecken. Gerade sie, die nach außen so selbstsicher auftreten, sind in Wirklichkeit von ihrer Wertlosigkeit überzeugt. Hinter einer glänzenden Fassade wirken sie merkwürdig brüchig.

Ein zentrales Merkmal der narzisstischen Persönlichkeitsstörung ist das falsche Selbst. In der Person der Kammerjungfer ist dieses perfekt inszeniert: Mit List und Tücke bringt sie sich in eine Position, in der sie nach außen glänzen kann. Um ihre egoistischen Ziele zu verfolgen, setzt sie sich rücksichtslos und ohne Skrupel über die berechtigten Bedürfnisse der Königstochter hinweg. Zunächst scheint sie mit ihrer Strategie Erfolg zu haben. Fühlen wir uns jedoch in ihre Person hinein, erkennen wir, dass sie in der permanenten Angst leben muss, entdeckt zu werden: man könnte merken, dass sie die Falsche ist. Falada, das sprechende Pferd, das sie verraten könnte, will sie zum Schweigen bringen. Wir sehen, dass dies nicht gelingt. Obwohl der Pferdeschinder das Pferd tötet, kann es weiterhin reden. – Schließlich wird ihre wahre Identität entdeckt.

Falada, die innere Stimme

Falada ist im Märchen nicht nur für die Königstochter von großer Bedeutung, sondern auch für die Kammerjungfer. Das sprechende Pferd, das die Wahrheit kennt, ist an dieser Stelle als innere Stimme zu verstehen. In jedem ist eine solche innere Stimme vorhanden, die sich mehr oder weniger bemerkbar macht – das Gewissen. So sehr die Kammerjungfer diese innere Stimme auch zum Schweigen bringen will, letztlich kann dies nicht gelingen.

In der Psychologie entstand die Bezeichnung *Alter Ego*. Damit ist die innere Instanz gemeint, die aus der tiefen Weisheit des Unbewussten schöpft und die Wahrheit viel ehrlicher abbildet als man selbst wahrhaben mag. Jeder lebt mit mehr oder weniger starken Illusionen über sich selbst und die Welt. Man hat sich ein eigenes Bild von den Dingen entworfen und glaubt daran. Das Alter Ego weiß um die Illusionen, die mit diesem Bild verbunden sind. Jeder kennt diese Stimme, wenn er beispielsweise gerade im Begriff ist, eine Dummheit zu machen, und eine innere Warnung vernimmt.

Die Frage ist, ob auf diese innere Stimme gehört wird. Die Kammerjungfer will dies offensichtlich nicht, sondern ihr Alter Ego soll zum Schweigen gebracht werden. Zu kränkend und zu demütigend ist es, immer wieder mit der Wahrheit konfrontiert zu werden. So sehr sie sich auch anstrengt, sie wird ihre wahre Identität nicht verändern können, sie bleibt die Falsche. Sie ist keine Königstochter, sondern eine Kammerjungfer.

Das »falsche Selbst«

Das »falsche Selbst« ist das zentrale Merkmal der narzisstischen Persönlichkeit. An dieser Stelle ist es notwendig, mehr über diese Störung zu erfahren. Wie nichts im Märchen zufällig ist, so ist es auch keineswegs ein Zufall, dass ausgerechnet diese Kammerjungfer die Begleiterin der Königstochter wird. Wir werden erkennen, dass sie in einem Übermaß all die Dinge in sich trägt, die die Königstochter in sich selbst vermisst.

Etwas sehr Entscheidendes lässt sich an dieser Stelle erkennen: Menschen haben immer eine tiefe Sehnsucht nach Vollständigkeit, Ganzheit und Einheit. Wenn sie dies nicht in sich selbst finden, suchen sie mit traumwandlerischer Sicherheit einen Partner, der für Ausgleich sorgt. Menschen ziehen sich manchmal magisch an, weil sie sich gegenseitig zu ergänzen scheinen. Wie wir noch sehen werden, lassen sich die inneren Schwierigkeiten nicht durch eine Partnerschaft beheben. Tatsache ist jedoch hingegen, dass diejenigen, die sich in der Gänsemagd wiederfinden, nicht selten einen Partner wählen, der sich in der Kammerjungfer spiegelt und sich mit den typischen Schwierigkeiten präsentiert.

Die narzisstische Persönlichkeitsstörung bildet sich besonders gut in dem Grimm'schen Märchen *Der Eisenofen* ab. Es beginnt damit, dass ein Königssohn von einer alten Hexe in einen Eisenofen hinein verwünscht wird, der im Wald steht. In diesem muss er fortan sitzen. Um dieses schreckliche Bild zu verstehen, ist es notwendig, sich diese Szene als frühes Beziehungsmuster zwischen Mutter und Kind vorzustellen. Nicht jede Mutter kann ihr Kind so annehmen, wie es ist. Die Hexe ist als die negative, die dunkle Seite zu verstehen, die es mehr oder weniger stark in der Persönlichkeit einer Mutter geben kann. Ein Kind wird eingesperrt in ein inneres Gefängnis, weil die Mutter es nicht so sein lassen kann wie es ist. Dieses Drama spielt sich in einer Zeit ab, in der die Seele noch weit offen, plastisch und prägsam ist.

Jeder Mensch benötigt (gesunden) Narzissmus, also Selbstliebe. Bei der narzisstischen Persönlichkeitsstörung ist es so, dass sich die wahre Selbstliebe in der entsprechenden frühkindlichen Phase (der narzisstischen) nicht entwickeln konnte.

Wenn die Entwicklung eines Kindes gesund verläuft, wandert die Liebe der Eltern zu ihrem Kind förmlich in die Seele des Kindes, nimmt dort für immer Platz und wird fortan das Selbstgefühl maßgeblich bestimmen. Der Glanz in den Augen der Mutter, die ihr Kind anschaut, ist ein wunderbares Bild für diesen Vorgang. Das unbedingte »Ja« zu diesem Kind, es zu erkennen und in seiner Individualität zu lieben, führt zu starkem Urvertrauen und zu gesunder Selbstliebe.

Während dieser frühen Zeit, die zwischen Ende des ersten und dem dritten Lebensjahr liegt, ist ein Kind äußerst anfällig für Verletzungen und Kränkungen. Oft, leider viel zu oft, fehlt der Glanz in den Augen der Mutter. Die Existenzberechtigung eines Kindes ist an bestimmte Bedingungen geknüpft. Das Kind wird zur Marionette, zum verlängerten Selbst der Mutter, die es eventuell zur Schau stellt und aus ihm eine kleine Prinzessin oder einen Prinzen machen will. Früh lernen diese Kinder, eine Rolle zu spielen, sich selbst zu verleugnen und den radikalen Forderungen der Mutter oder des Vaters nachzukommen. Sie werden gezwungen, ihre wahre Identität zu verraten und ihre Person zu verbiegen, um den Eltern zu gefallen. Häufig verfolgen Eltern egoistische Ziele mit ihrem Kind, und auch hier erkennen wir eine Form der emotionalen Ausbeutung und des emotionalen Missbrauchs. Das Kind ist immer wieder für die Bedürfnisse der Mutter oder des Vaters zuständig, die mehr oder weniger im Vordergrund stehen. Hier ist die Ursache für das »falsche Selbst« zu suchen. Das Kind muss fortan gegen die innere Verzweiflung kämpfen, nicht wirklich geliebt zu werden. Es verstellt sich, um dies zu erreichen, um zu gefallen, um bewundert und geliebt zu werden. Alle seine Anstrengungen werden jedoch erfolglos bleiben. Liebe ist immer ein Geschenk und kann nicht verdient oder erarbeitet werden.

Erwachsene, die an der narzisstischen Persönlichkeitsstörung leiden, hungern nach Liebe und Anerkennung. Auf tragische Weise bringen sie andere jedoch immer wieder dazu, sie abzulehnen. Selbst wenn es ihnen gelingt, Ziele zu erreichen und anerkannt zu werden, können sie ihren Erfolg nicht genießen. Obwohl sie manchmal viel erreichen und ihre innere Not sie zu großen Leistungen antreibt, können sie nicht zufrieden werden. Auf der exzessiven Jagd nach Anerkennung und Bewunderung sind sie auch Abhängige, obwohl sie nach außen so unabhängig erscheinen.

Kleine Kinder erleben sich selbst während der narzisstischen Phase als grandios, allmächtig und allwissend. Sie fantasieren sich hinein in eine großartige Welt von Riesen und Zauberern. Dieser normale und für Eltern manchmal lustige Vorgang – die Einbildungskraft ihres Kindes schlägt Purzelbäume – hat auch eine Bedeutung für die Bewältigung von ängstigenden und frustrierenden Lagen und Situationen. Die Kinderseele ist äußerst prägsam und verletzlich. Werden Grundbedürfnisse nach Zuneigung, Liebe, Bestätigung und Aufmerksamkeit nicht genügend befriedigt, zieht sich das Kind immer mehr zurück in eine *splendid isolation,* in eine großartige, überlegene Isolation. Nach dem Motto »Ich brauche dich nicht, ich bin viel besser als du, ich brauche keine Liebe und bin nicht bedürftig« zieht es sich zurück und bringt den verletzlichen inneren Kern in Sicherheit. Es erzeugt einen Panzer gegen das Trauma, nicht oder nur ungenügend geliebt zu sein. Die übergroße Verletzlichkeit von Menschen mit einer narzisstischen Persönlichkkeitsstörung geht auf diese Ereignisse in der frühen Kindheit zurück. Hinter dem harten Panzer hat sich das verletzte Kind in Sicherheit gebracht. Wir erkennen, dass dies ein Überlebensmechanismus ist. Aber heilen kann die tiefe Wunde des Ungeliebtseins so nicht. Es bleibt die große Verletzlichkeit und es bleibt der Eisenpanzer, der das verletzte innere Kind schützen soll.

Gesunde hingegen verfügen, bildhaft ausgedrückt, über ein »inneres Gefäß«, in dem sie all die guten Dinge, die sie im zwischenmenschlichen und im beruflichen Bereich erworben haben, sicher lagern. So können sie in Zeiten der Niederlage und der Frustration auf Erreichtes zurückgreifen und die innere Balance behalten. Anders bei Narzissten, denen dieses innere Gefäß zu fehlen scheint, oder es ist »löchrig«. Sie sind gezwungen, sich mit enormer Energie ständig neues Lob und Anerkennung zu erarbeiten.

Die Liebe der Mutter nicht empfangen zu haben führt zu einer tiefen inneren Wunde, die nicht heilen will. Das Kind versucht, mit diesem Drama zu überleben. Es macht sich hart, gefühllos, so als würde ihm dies alles nichts ausmachen. Es opfert seine Gefühle, weil es nur so überleben kann. »Es wird in den Eisenofen gesperrt«, wie es im Märchen heißt. Dies bedeutet, dass sich das Kind zukünftig mit einem eisernen Panzer umgibt, um sein verletztes Innerstes zu schützen. Alles, was lebendig, fröhlich und unbeschwert in ihm leben könnte, wird eingefroren. Es wurde seiner weichen Gefühle beraubt, die es für ein positives Selbstgefühl dringend benötigt hätte. Narzisstisch gestörte Menschen können sich selbst nicht lieben und sind auch nicht in der Lage, andere zu lieben. Sie befinden sich in einem inneren Gefängnis, aus dem sie sich selbst nicht befreien können, obwohl sie dies mit aller Macht versuchen. Sie leiden unter Leere und Langeweile als quälende Begleiter. Tiefe Wut und Verzweiflung dominieren die Stimmung, auch wenn nach außen ein anderes Bild vermittelt wird. Menschen, die nicht lieben können, können sich auch nicht richtig freuen. Sie leiden zutiefst an sich selbst, versuchen jedoch, nach außen das Gegenteil zu demonstrieren.

Menschen mit gesunder Selbstliebe, also gesundem Narzissmus, wissen, dass sie nicht perfekt sein müssen, dass sie anderen nicht überlegen sein oder sie dominieren müssen. Sie dürfen versagen, Fehler machen und haben trotzdem das sichere Gefühl, liebenswert und wertvoll zu sein. Anders bei denen, die eine narzisstische Persönlichkeitsstörung in sich tragen. Sie blasen ihr Selbst zu einem grandiosen Idealbild auf, versuchen andere zu beeindrucken und Bewunderung zu erfahren, einzig zur Linderung ihres tiefen Schmerzes. Wie die Kammerjungfer, die sich anmaßt, was sie in Wirklichkeit nicht ist, wird die Idealisierung der eigenen Person hochgradig realitätsfern und führt dazu, dass sie nicht mehr erkennen können, wer sie wirklich sind.

Hinter dieser grandiosen Fassade ist ein extrem verletzlicher Mensch verborgen. Er ist anfällig für jede Form von Kränkung, auch wenn dies nicht gezeigt wird. Jede Kritik, jeder Vorwurf wird zu einer existenziellen Bedrohung. Ein Patient berichtet:

Wenn ich kritisiert werde, ist es, als würde mir ein Messer in den Bauch gesteckt, das zusätzlich gedreht wird.

Die Unfähigkeit, mit Kritik konstruktiv umzugehen, führt zu mannigfaltigen Problemen. Auch harmlose Angriffe führen zu Feindschaft und starken Rachegefühlen. Die Fassade, das falsche Selbst, wird eingesetzt, um andere zu täuschen, um nicht deutlich werden zu lassen, wie extrem die Kritik kränkt:

Wer mich beleidigt, wird seine Strafe früher oder später bekommen. Auch wenn ich zunächst lächle, weiß er nicht, was auf ihn zukommt. Ich bin wie eine Spinne, die auf ihre Beute lauert.

Wir erkennen, dass das Gewissen dieser Menschen mangelhaft ausgebildet ist. Die unerbittliche Härte, mit der die Bedürfnisse anderer ignoriert werden, ist mitunter erschreckend. Damit sich das Gewissen in einen Menschen liebevoll integriert, ist eine Erziehung zu Mitgefühl erforderlich. Kinder halten sich an Regeln, auch und besonders, weil sie ihre Eltern lieben, nicht nur, weil es verboten ist, dagegen zu verstoßen. Das mangelnde Mitgefühl, die mangelnde Liebe in der frühen Lebensphase führt zu hartem und selbst bezogenem Verhalten.

Das, was diesen Menschen in den ersten Lebensjahren zugefügt wurde, spiegelt sich in ihrem Verhalten als Erwachsene. Bedeutsam ist dies, wenn es im therapeutischen Prozess darum geht, Verständnis für das eigene Drama zu gewinnen. Therapeut und Patient erarbeiten gemeinsam ein Bild der frühen Beziehungsmuster. Diese werden sich bald auch in der Beziehung zwischen ihnen einstellen.[3]

Für andere sind Menschen mit einer narzisstischen Persönlichkeitsstörung eventuell gefährlich. Wie die Kammerjungfer verfolgen sie rücksichtslos ihre egoistischen Ziele. Die Fähigkeit zu echtem Mitgefühl und wirklicher Anteilnahme ist eingeschränkt, auch wenn dies nach außen demonstriert wird. Trotz aller Mühe wirken sie unecht, wenn sie so etwas demonstrieren. Sie spalten die Welt in schwarz und weiß, etwa so: Bist du für mich oder gegen mich? Kann ich dich für meine egoistischen Ziele gebrauchen oder nicht? Alles, was bedrohlich erscheint, wird bekämpft, verdammt und abgewertet; alles, was dem schwachen Selbst Nahrung zu geben scheint, wird idealisiert und bewundert. Es fehlt damit die Mitte sowie die Fähigkeit, andere Personen in ihrer Gesamtheit wahrzunehmen.

Hinter der harten Fassade der Kammerjungfer erkennen wir einen Menschen, der unter starken Minderwertigkeitsgefühlen leidet. Innerlich leiden Menschen mit einer narzisstischen Persönlichkeitsstörung unter starken Neidgefühlen. Sie sind neidisch auf jeden, dem es besser zu gehen scheint. Oft lassen sie ihren inneren Groll an anderen aus und sorgen für schlechte Stimmung: Wenn es mir schon schlecht geht, dann soll es anderen auch schlecht gehen.

Die Schwere der Störung kann sehr unterschiedlich sein. Wir kennen Formen extremer Charakterstörungen mit sozialer Rücksichtslosigkeit, emotionaler Kälte und krimineller Energie und andere leichte Formen, die im alltäglichen Umgang kaum oder weniger auffallen.

2. Teil
Die abhängige Persönlichkeitsstörung

*Die unaufgelösten Dissonanzen
im Verhältnis von Charakter und
Gesinnung der Eltern
klingen im Wesen des Kindes fort und
machen seine innere Leidensgeschichte aus.*

(Friedrich Nietzsche)

... denn sie hatte aller bösen Worte längst vergessen

Wie kann es sein, dass aller bösen Worte längst vergessen sind? So könnte man meinen, wenn man sich wundert, dass die Königstochter nicht ein zweites Mal versucht, die Kammerjungfer dazu zu bringen, ihr Wasser aus dem Bach zu schöpfen. Eine merkwürdige Kindlichkeit ist hier zu erkennen. Nachdem die Prinzessin doch so negative Erfahrungen mit der Kammerjungfer machen musste, sollte man meinen, dass sie keine weiteren Versuche starten würde. Wie also lässt sich das merkwürdige Verhalten der Prinzessin verstehen?

Die Erfahrungen während der Kindheit haben prägenden Charakter. Dies drückt sich in der Wiederholung der entsprechenden Szene aus. Vor allem werden die Wege, die während der Kindheit so gut funktionierten, erneut gewählt: besonders aber, weil keine anderen zur Verfügung zu stehen scheinen. Erst der große Durst bringt die Königstochter dazu, ihre übergroße Angst zu überwinden und sich selbst Wasser zu verschaffen. Etwas für andere Selbstverständliches wird für die verwöhnte Königstochter zur bedrohlichen Aufgabe. Große Angst wird sich wie ein roter Faden durch ihr Leben ziehen. Immer hat sie das Gefühl, allein nicht zurechtzukommen. Sie wird Sicherheit suchen, indem sie sich an andere klammert. Somit wird sie sich abhängig machen mit allen Nachteilen, für sie und andere.

Wollen wir das Bild in seiner gesamten Aussage verstehen, dann erkennen wir, dass Menschen mit einer abhängigen Persönlichkeitsstruktur – wenn niemand da ist, der ihnen sagt, was sie tun sollen – rasch die Orientierung verlieren. Daher suchen sie immer nach Personen, die dieses innere Defizit ausgleichen und beheben sollen. Sie fragen um Rat, suchen Unterstützung für ihre Meinung und haben innerlich das Gefühl, allein nicht entscheiden zu können. War das richtig oder falsch, habe ich etwas Verkehrtes gemacht, genüge ich den Erwartungen …, so lauten immer wieder die bangen Fragen. Sie befürchten unangenehme Nachteile, wenn sie etwas falsch machen – sie haben Angst vor den Konsequenzen.

Die abhängige Persönlichkeitsstruktur findet sich sowohl bei Frauen als auch bei Männern. Wenn wir bisher die Rolle der Königstochter untersucht haben, darf dabei nicht übersehen werden, dass Menschen mit einer solchen Persönlichkeit nicht immer weiblich sind. Es gehört aber zum klassischen Frauenbild, dass Mädchen eher abhängig, klein und verletzlich sein dürfen. Dieses Bild hat sich verändert, allerdings noch nicht genügend, obwohl natürlich viele Frauen über Unabhängigkeit und ein stabiles Selbstwertgefühl verfügen. Nach dem klassischen Muster laufen Männer häufiger Gefahr, narzisstische Persönlichkeitsmerkmale zu entwickeln, und entsprechen dann dem Bild der Kammerzofe. Hier finden wir den Macho, der Angst vor Abhängigkeit hat. In der Realität treffen wir Männer mit einer abhängigen Persönlichkeitsstruktur ebenso wie Frauen mit einer narzisstischen. Vieles, was im Folgenden zur abhängigen Persönlichkeitsstruktur gesagt wird, gilt für beide Geschlechter. Auch die Wege aus der Abhängigkeit sind für beide sehr ähnlich.

Das *Abhängigkeits-Syndrom* wirkt sich auf alle Lebensbereiche aus, sie sind von Abhängigkeit bestimmt und sind zunächst anders nicht vorstellbar. Vor allem ist ein Mangel an Ich-Stärke zu beobachten. Dies ist die Energie, mit der sich jemand selbst zum Ausdruck bringt, wie er sich im Lebenskampf behauptet, welche Ziele er mit welcher Energie verfolgt, z. B. auch, wie er sich gegen Ungerechtigkeiten zur Wehr setzt. Das *Gänsemagd-Syndrom* lässt nicht zu, dass sich die Persönlichkeit entfaltet, Betroffene bleiben abhängig, fühlen sich oft klein und wertlos. Wie bei unserer Prinzessin im Märchen zeichnet sich eine gewisse Lebensuntüchtigkeit ab. Menschen mit dem *Gänsemagd-Syndrom* leiden meist unter starken Minderwertigkeitsgefühlen. Während sie sich in vielen Lebensbereichen unsicher fühlen und abhängige Beziehungen suchen, sind sie im Inneren häufig mit Größenfantasien und Allmachtsfantasien beschäftigt. Zumindest in der Fantasie sind sie die Größten. Eventuell spielen sie auch eine Rolle, die sie eigentlich nicht ausfüllen können. Sie überspielen ihre Unsicherheit mit betont sicherem Auftreten. Sie tragen dann eine Maske und wirken daher unecht und übertrieben sicher. Sie kämpfen gegen Unsicherheit und Abhängigkeit. In diesen Fällen wird das *Gänsemagd-Syndrom* überspielt. Ein solches Verhalten entdeckten wir bei der Kammerjungfer. In der Praxis begegnen wir oft einer Mischung aus dem Verhalten der Gänsemagd und der Kammerzofe. Personen, die zwischen beiden Rollen munter hin und her wandern. Mal scheinbar selbstsicher, fassadär, dann wieder selbstunsicher, ängstlich.

Folgende Merkmale finden sich häufig bei Menschen mit einer abhängigen Persönlichkeitsstruktur. Die Liste dient der Orientierung. Selbstverständlich müssen nicht alle Merkmale zutreffen.

- *Diese Menschen leiden an einem Mangel an Eigenständigkeit;*
- *sie sind unfähig, allein zu sein;*
- *sie sind unfähig, sich aus einer unbefriedigenden Beziehung zu lösen;*
- *sie sind nur ungenügend fähig zu eigenen Interessen;*

- *sie sind unfähig, dem Leben einen eigenen Sinn zu geben;*
- *sie fühlen sich vom Leben betrogen;*
- *sie wurden emotional missbraucht;*
- *sie sind schreckhaft und haben viele Ängste;*
- *sie trauen sich oft nicht, ihre wahre Meinung zu äußern;*
- *sie können Gespräche oder Telefonate schlecht beenden;*
- *sie lassen sich leicht beeindrucken und überreden;*
- *sie lassen sich leicht etwas aufhalsen, was andere nicht machen wollen;*
- *sie stellen ihre Bedürfnisse zu Gunsten anderer zurück;*
- *sie klagen berechtigte Ansprüche nicht ein;*
- *sie können nicht konstruktiv streiten;*
- *sie können Ärgergefühle nicht oder nur übertrieben (Wutanfall) äußern;*
- *sie fühlen sich häufig depressiv;*
- *sie leben in der Opferrolle;*
- *sie machen sich viele Sorgen;*
- *sie klagen häufig über die »ungerechte« Welt;*
- *sie zeigen die Folgen von Verwöhnung: Unselbstständigkeit, große Anspruchshaltung, gespielte Sicherheit, Langeweile usw.;*
- *sie vermeiden Konflikte;*
- *sie bleiben passiv, obwohl sie aktiv sein sollten;*
- *sie fühlen sich unsicher und trauen oft der eigenen Wahrnehmung nicht;*
- *sie glauben, das Leben allein nicht meistern zu können;*
- *sie brauchen häufig Bestätigung für ihr Handeln;*
- *sie leiden unter Trennung und Heimweh;*
- *sie haben starke Angst, verlassen zu werden;*
- *sie glauben, dass die Lösung von Problemen von außen kommen muss;*
- *sie werden suchtkrank oder entwickeln suchtartige Störungen, z. B. eine Co-Abhängigkeit;*
- *sie trösten sich mit Essen und entwickeln eventuell eine Essstörung: Magersucht oder Bulimie.*

Das schwache Selbst

Die Entwertung der Persönlichkeit der Tochter ist deutlich darin zu erkennen, dass die Mutter sie für ihre Bedürfnisse benutzt und abhängig macht. Für viele so missbrauchte Menschen ist die Folge eine dramatische Beeinträchtigung der Persönlichkeitsentwicklung. Minderwertigkeitsgefühle, mangelndes Durchsetzungsvermögen, Aggressionshemmung, Überanpassung werden durch das Verhalten der Mutter gefördert. Hier ist klar das Bild der *Gänsemagd* zu erkennen. Insbesondere vor Autoritätspersonen entwickeln Menschen mit dem *Gänsemagd-Syndrom* verstärkt Ängste. Die fehlende Selbstsicherheit ist als das zentrale Problem zu erkennen. Hier liegt die Ursache für die große Bereitschaft, sich abhängig zu machen. Um Selbstsicherheit herzustellen, brauchen sie andere. Der Teufelskreis ist geschlossen: Zunächst wird die Tochter missbraucht, dann wiederum muss sie andere missbrauchen, um ihre Selbstsicherheit herzustellen.

Typische Fallbeispiele:

»Ich kenne mich selbst nicht wieder!«, sagt Frau H. im letzten Gespräch am Ende ihrer Behandlung, welches sie mit ihrer Therapeutin führte. Ohne jedes Selbstvertrauen war sie in die therapeutische Gemeinschaft gekommen. Zunächst hatte sie nur stumm am Gruppentisch gesessen und gehofft, nicht angesprochen zu werden. Nur zögernd gelang es ihrer Gruppentherapeutin, mit ihr ins Gespräch zu kommen.

In der Therapiegruppe fixierte sie sich bald auf eine Mitpatientin. Nur mit ihr pflegte sie einen engeren Kontakt, während sie den anderen Gruppenmitgliedern auswich. Im Rahmen der Gruppentherapie wurden die abhängigen Verhaltensweisen bearbeitet. Um Frau H. zu motivieren, war sanfter Druck seitens der übrigen Gruppenmitglieder erforderlich. Allmählich konnte sie die »klammernde« Beziehung zu nur einer Mitpatientin lockern und zu mehreren in der Therapiegruppe Kontakt aufnehmen. Auch hier zeigte sie sich im Umgang zunächst unselbstständig und ängstlich.

Nachdem sie sich getraut hatte, einmal eine Rückmeldung in der therapeutischen Großgruppe zu geben, war der Bann gebrochen. Sie erkannte ihre Fähigkeiten und traute sich, ihre Meinung zu sagen. Vor allem lernte sie, sich zu wehren und Ärger auszudrücken.

In der therapeutischen Gemeinschaft war Frau H. regelrecht aufgeblüht. Im Anschluss an die stationäre Therapie war es erforderlich, das Erreichte in den Alltag zu integrieren. Die Gefahr, dass sie in die alten Verhaltensweisen zurückfallen würde, war sehr groß. Ambulante Therapie und die Arbeit in der Selbsthilfegruppe verhalfen ihr zum Erfolg.

Auch Männer geraten häufig in die Rolle der Gänsemagd:

Herr K. beschreibt zunächst den Zustand, in dem er in die Klinik kam: »Ich war völlig verzweifelt und wusste nicht, wie ich weiterleben sollte. Heute weiß ich, woran ich in erster Linie gelitten habe. Ich hatte kein eigenes Ich. Immer habe ich mich nur nach anderen gerichtet, obwohl ich das oft nicht wollte. Ich bin sämtlichen Konflikten ausgewichen, habe mich nie gewehrt. Meine Frau hatte sich von mir getrennt, das war das Beste, was sie tun konnte. Zunächst habe ich nur eine Hoffnung gehabt, nämlich die, dass sie zu mir zurückkommen würde. Heute weiß ich, dass ich lediglich abhängig von ihr war. Als sie mich verlassen hatte, wusste ich mit mir selbst nichts anzufangen, fiel in ein tiefes Loch. Sie hatte doch alles für mich getan, und jetzt war ich völlig hilflos. Mein Wunsch, dass sie zu mir zurückkehren sollte, war nur von dem Wunsch, versorgt zu werden, bestimmt. Während der Therapie wurde mir klar, dass ich die Abhängigkeit von meiner Mutter durch die Abhängigkeit von meiner Frau ersetzt hatte. Erst nachdem ich mich entschieden habe, unabhängig und selbstständig zu werden, hatte ich das Gefühl, meine Frau auch wirklich loszulassen. Liebe und Zuneigung waren in unserer Beziehung schon lange durch mein Verhalten zerstört worden.«

Das schwache Selbst ist von außen oftmals nicht leicht zu erkennen:

Frau B. ist beruflich erfolgreich. Sie arbeitet intensiver und meist länger als ihre Kolleginnen. Sie genießt wegen ihrer guten Kenntnisse einen ausgezeichneten Ruf bei Vorgesetzten, Kunden und Mitarbeitern. Sie ist bemüht, keine Fehler zu machen, und falls doch welche vorkommen (was selten der Fall ist), dann ist Frau B. bestürzt und macht sich heftige Selbstvorwürfe. Frau B. ist angepasst und wird sich nie trauen, Forderungen nicht nachzukommen.

Hinter ihrer perfekten Fassade würde man nicht so leicht das *Gänsemagd-Syndrom* vermuten.

Perfektionismus gehört oft zu der abhängigen Persönlichkeitsstruktur. Mit dem extremen Bemühen, keine Fehler zu machen, wird immer wieder der Versuch unternommen, innere Sicherheit herzustellen. Die leichte Kränkbarkeit führt ebenfalls zu vorsichtigem und angepasstem Verhalten. Für viele wird dieses Fiasko zum Hintergrund einer Suchtkrankheit.

Abhängiges Denken und Fühlen – die innere Welt der Gänsemagd

Immer schon machte die *Gänsemagd* die Erfahrung, dass die Gefühle der Mutter wichtiger waren als ihre eigenen. Selbst wenn die Mutter mit Nachdruck behauptete, dass sie nur ihr Bestes wolle, steckten dahinter oft die eigensinnigen Wünsche der Mutter. Menschen in der Rolle der *Gänsemagd* wurden von früh an dazu gebracht, sich selbst zu verleugnen und die Bedürfnisse anderer in den Vordergrund zu stellen. So lernten sie, sich in andere hineinzufühlen und deren Bedürfnisse zu erspüren. (Was soll ich tun? Was erwartet mein Gegenüber?) Das Verhalten der Mutter, die in ihrer dominanten Art immer wieder Anpassung erwartete, forderte diese ständige innere Frage heraus: Wie kann ich den Anforderungen, die man – wenn auch unausgesprochen – an mich richtet, gerecht werden? Diese meist bangen

Fragen finden sich oft im Denken der *Gänsemagd*. Wenn sie in Kontakt tritt, dann nicht selten aus dieser für sie typischen Perspektive.

Menschen mit einer abhängigen Persönlichkeitsstruktur glauben selbst nicht daran, genügend liebenswürdig zu sein. Die bange Frage lautet immer: *Bin ich genügend schön, klug, durchsetzungsfähig usw.?*

Das Denken der *Gänsemagd* ist abhängig. Immer wieder kreisen ihre Gedanken darum, ob sie anderen Menschen genügt, ob sie ausreichend kompetent erscheint, wie sie wirkt und ob sie akzeptiert wird. Gedanken wie: *Sicher bin ich nicht angemessen gekleidet; ich werde bestimmt nicht ernst genommen; die anderen sind mir überlegen; sicher bin ich langweilig; hoffentlich werde ich nichts gefragt, worauf ich keine Antwort weiß; am liebsten würde ich hier verschwinden usw.*

Vor allem traut sie sich nicht, andere zu kritisieren oder auf Fehler aufmerksam zu machen, oft nicht einmal, wenn sie in der Vorgesetztenrolle ist. Man könnte sich von ihr abwenden, sie mit Missachtung strafen oder kritisieren. Um anderen gerecht zu werden, tut sie viel zu viel.

Das Selbstwertgefühl schwankt zwischen Größenideen, dem Wunsch akzeptiert und grenzenlos geliebt zu sein und extremer Minderwertigkeit.

Menschen mit einer abhängigen Persönlichkeitsstruktur sind meist »Gefühlsmenschen«, d. h. sie werden von ihren Gefühlen gesteuert – im Gegensatz zur narzisstischen Persönlichkeit, die ausschließlich vom Kopf, vom rationalen Denken gesteuert wird. Die *Gänsemagd* wird von ihren Gefühlen beherrscht, da diese stark, nicht selten viel zu stark sind. Mitgefühl ist mitunter so übermächtig, dass der Blick für das Ganze verloren geht. Wird die *Gänsemagd* von nahen Angehörigen, etwa nach einem Besuch, verlassen, reagiert sie mit Heimweh. Manchmal schränken Heimwehgefühle den Bewegungsraum ein, da Verreisen meist mit Abschied verbunden ist.

Ein Merkmal der abhängigen Persönlichkeit ist die Unfähigkeit, allein zu sein. Es ist die Angst, verlassen zu werden, allein nicht zurechtzukommen, die dazu führt, dass Alleinsein exzessiv vermieden wird. Die Frage ist, wie es zu dieser unrealistischen Angst vor dem Alleinsein kommt? Um die Ängste der *Gänsemagd* zu verstehen ist es notwendig, die Ängste der *alten Königin* zu verstehen. Hier erinnern wir uns daran, dass sie große Angst hatte, von der Tochter verlassen zu werden. Diese Angst konnte sie jedoch nicht aussprechen, etwa sagen: Ich habe Angst, von dir verlassen zu werden, weil du für mich Partnerersatz bist. Die Angst beherrscht jedoch das Handeln der *alten Königin*, wenn sie alles tut, um die Tochter an sich zu binden. Die *alte Königin* »infiziert« die Tochter mit ihrer Angst vor Verlassenwerden. Die Angst, die nicht klar ausgesprochen und benannt wird, ist wie ein Gespenst, wie ein drohendes Unheil, das unwägbar über allem zu schweben scheint. Die Angst geht ein in die Persönlichkeit der Tochter und bestimmt ihr Lebensgefühl. Unbewusst ist die Angst der Mutter zur Angst der Tochter geworden.

Ein tiefes Ohnmachtsgefühl ist ständiger Begleiter

Menschen mit einer abhängigen Persönlichkeitsstruktur haben bezüglich der Änderung, einer Verbesserung ihres Lebensgefühls keine Hoffnung. So wie die *Gänsemagd* sich widerstandslos in ihr Schicksal ergibt, leiden sie unter der Unfähigkeit, sich gegen Angriffe zu wehren. Sie sind selbst dann wie gelähmt, wenn es darum ginge, sich gegen ungerechtfertigte Angriffe zu wehren. Nicht selten leiden sie unter der Angst vor körperlichen Angriffen. Sie fühlen sich von vorn herein unterlegen, ohne den Versuch zu starten, sich zu wehren. Die Angst, sich in der entscheidenden Situation nicht wehren zu können, bestimmt das Lebensgefühl maßgeblich.

Oft lässt sich das Ohnmachtsgefühl bis in die Kindheit zurückverfolgen.

Herr P. wuchs in einem Geschäftshaushalt auf. Die Eltern hatten wenig Zeit und konnten sich nur sehr selten um ihn kümmern. Er wurde immer wieder mit Süßigkeiten und Geschenken »beruhigt«.

Herr P. erinnert sich, dass er häufig seine Spielsachen zerstörte. Deswegen schimpfte sein Vater mit ihm. Die Zerstörung des Spielzeugs muss als ein Versuch gewertet werden, die Wut über die mangelnde Zuwendung seitens der Eltern an den Spielsachen abzureagieren. Er wurde kritisiert, und auch er selbst fühlte sich schlecht. Er lernte, die Wut gegen sich selbst zu richten, da er nun erkennen konnte, dass er etwas Verwerfliches getan hatte. Den wahren Grund seiner Wut und seiner Verzweiflung brauchte er nun nicht mehr den Eltern zuzuordnen. Indem er sich selbst schuldig fühlte, konnte er seine Eltern auf einen Sockel stellen und als gut ansehen. Was blieb, war seine Ohnmacht den übermächtigen Eltern gegenüber. Diese Ohnmacht wurde schließlich zum generellen Lebensgefühl in allen Lebenslagen.

Das Gefühl, blockiert und übermächtigen Kräften ohnmächtig ausgeliefert zu sein, erleben Menschen mit einer abhängigen Persönlichkeitsstruktur häufig. Sie fühlen sich gelähmt und haben Ängste auch in eigentlich harmlosen Situationen. Sie haben ein übersteigertes Sicherheitsbedürfnis und gehen kein Risiko ein. Manchmal sind sie ausgesprochen unpraktisch oder ungeschickt und bemühen sich etwa nicht einmal, kleine Reparaturen selbst auszuführen. Sie fühlen sich hilflos in vielen Lebenslagen. Wenn es etwa darum geht, eine Kahnfahrt zu machen, dann haben sie Angst vor dem Wasser oder sie glauben nicht, dass sie sich allein in einer fremden Stadt zurechtfinden könnten. Ihnen wird leicht schwindelig, und sie steigen deswegen nicht auf hohe Türme. Sie haben sich wegen ihrer Ängste mit vielen Einschränkungen abgefunden. Vor allem glauben sie nicht daran, sich ändern zu können, z. B. etwas gegen ihre Ängste tun zu können. Sie jammern und klagen und sind davon überzeugt, dass sie eben so sind und versuchen nicht einmal, ein Risiko einzugehen.

Hilfe wird nur von außen erwartet: Man könnte den Traumpartner finden, man sucht Erlösung in einer esoterischen Gemeinschaft, man wandert von einem Therapeuten oder Arzt zum anderen usw. Die abhängige Persönlichkeitsstruktur macht sie anfällig dafür, in die Hände einer Sekte zu geraten.

Das Gefühl tiefer Ohnmacht und Abhängigkeit, das sich spätestens im jungen Erwachsenenalter einstellte (als es darum ging, erwachsen zu werden), ist quälend und so ist der Versuch verständlich, die Verantwortung dafür anderswo zu suchen. Sie erklären ihre Lage mit irgendeinem körperlichen Gebrechen, damit dass sie gemobbt wurden, dass der Vorgesetzte ein Tyrann sei, dass man vom Schicksal hart betroffen sei, dass der Partner sie betrog und ausbeutete usw. Manchmal ist ein regelrechtes *Armes-Schwein-Syndrom* zu erkennen. Der aufmerksame Zuhörer erspürt, dass hier jemand Ausflüchte sucht, um seiner Verantwortung zu entkommen. Er fühlt sich zu schwach für den Lebenskampf und flüchtet sich in Erklärungen, die ihn entschuldigen und entlasten sollen. Allerdings führen sie nur in einen Teufelskreis destruktiver Gedanken und Gefühle.

Menschen mit einer abhängigen Persönlichkeit tendieren eher dazu, »schwarz zu sehen«. Sie haben meist einen negativen Blickwinkel auf die Dinge. Sie türmen Schwierigkeiten zu einem unübersehbaren Gebilde übereinander und haben dann eine scheinbar legitime Erklärung für ihre Überforderung und Hilflosigkeit. Katastrophendenken führt zu Angst und Unsicherheit.

Das Leben eines Menschen spielt nicht zu einem geringen Teil in seiner Fantasie. Ständig reden wir mit uns selbst im Innenraum unserer Psyche. Menschen mit einer abhängigen Persönlichkeitsstruktur ziehen sich gern in ihre Tagträume zurück. Sie kompensieren ihr mangelhaftes Selbstgefühl mit Größenfantasien. Sie leben weniger in der realen Welt, manchmal wie hinter einem Schleier.

Ein häufiges Symptom sind Grübelzwänge. An Stelle von Taten und Handlungen wird der Versuch unternommen, die Probleme in Gedanken lösen zu wollen. Dies führt in typische Teufelskreise: negative Gedanken und Erwartungen bewirken negative Gefühle, die sich verstärken. Grübelzwänge haben die Tendenz, sich auszubreiten und das Bewusstsein immer stärker – vergleichbar einem Virus – zu befallen und zu verseuchen. Weitere Folgen sind Schlaf-, eventuell Appetitlosigkeit auf dem Hintergrund einer extremen

Anspannung und innerer Unruhe. Der psychische Apparat läuft sozusagen auf Hochtouren und ist überfordert.

Die tiefen Ohnmachtsgefühle sind auch dafür verantwortlich, dass keine eigenen Ziele verfolgt werden können. Sie finden keinen eigenen Lebenssinn.

Die große Angst vor Kritik

Das schwache Selbst der *Gänsemagd*, ihre starken Minderwertigkeitsgefühle lassen jede Kritik als einen vernichtenden Akt erscheinen. Menschen mit dem *Gänsemagd-Syndrom* haben große Angst vor Kritik und vermeiden entsprechende Situationen. Dies führt zu ängstlich vermeidendem Verhalten: »Das Leben auf Zehenspitzen«, damit niemand sich verletzt fühlt, ist ein Versuch, sich selbst vor Ablehnung und Kritik zu schützen. Dies ist anstrengend und wenig freudvoll. Unterwürfigkeit in fast allen Lebenslagen führt nicht zu Zufriedenheit und Wohlbehagen. Die Überanpassung an die Erwartungen anderer lässt sich bis in die Kindheit zurückverfolgen. Schon früh sind viele Kinder der Meinung, ihr wahres Selbst opfern zu müssen, um den Forderungen der dominanten Eltern zu entsprechen. Die große Angst, nicht mehr geliebt zu werden, lässt sie stumm werden. Liebesentzug und kalte Verachtung sind Erziehungsmethoden, die das Rückgrat kleiner Kinder brechen und zu Anpassung führen. Wenn wir später die Frage stellen, warum die *Gänsemagd* bei der Befragung durch den alten König stumm bleibt, kein Wort bezüglich ihrer wahren Identität äußern kann, dann finden wir hier die Ursache ihrer Blockade.

Eine weitere Variante, mit der Kritik und die Angst davor abgewehrt werden sollen, ist Perfektionismus. Der Versuch, keine Fehler zu machen, mit extremer Energie ein vollkommenes Bild nach außen zu bieten, soll die innere Angst verringern: Wenn ich keine Fehler mache, kann mir nichts passieren, so das Denken der *Gänsemagd*. So lässt sich auch die Märchenszene, in der die *Gänsemagd* ihre Haare mit größter Sorgfalt kämmt, deuten.

Die Opferidentität

Zur abhängigen Persönlichkeitsstruktur gehört oft die typische »Opferidentität«, die sich in der Regel bereits in der frühen Kindheit zu entwickeln beginnt. Viele kleine Kinder versuchen, sich für ihre Eltern zu opfern. Dies erscheint auf den ersten Blick kurios, ist es jedoch bei genauerer Untersuchung nicht. Der Mutter, der es ständig schlecht geht, die unter Stimmungsschwankungen leidet, der alles zu viel ist, bringt eventuell ihr Kind dazu, sie retten zu wollen. Kleine Kinder haben immer das Bedürfnis, von den Eltern geliebt und anerkannt zu sein. Wenn es den Eltern schlecht geht, dann ist dies für Kinder schwer zu ertragen. Folglich tun sie alles, damit sich die Situation in der Familie verbessert. Manche Kinder tragen ein empfindliches Instrument in sich, das wie ein *Seismograf*, ein Erdbebenmessgerät, auf jede noch so kleine Schwingung in der Familie reagiert. Sie erledigen Hausarbeiten, für die sie eigentlich zu klein sind, passen auf Geschwister auf, *damit Mami entlastet ist*, trösten die traurige Mutter, stellen sich als »erwachsene« Gesprächspartner zur Verfügung etc. Sie tragen oft einen großen Teil der Last aus dem vorhandenen Leid in der Familie. Sie gleichen aus, wenn es Streit gibt, holen den betrunkenen Vater aus der Kneipe, machen Besorgungen, die für andere zu unangenehm wären – etwa, beim Kaufmann anschreiben zu lassen. Früh lernen sie, ihre eigenen Bedürfnisse zu Gunsten anderer zurückzustellen. Ihre Daseinsberechtigung leitet sich da her, dass sie für andere zur Verfügung stehen. Nur wenn sie helfen und andern Beistand leisten, fühlen sie sich wichtig und berechtigt. Tun sie dies nicht, werden sie unruhig, fühlen sich leer und unbedeutend. Ihr Wertgefühl ist damit verknüpft, dass sie für andere »wichtig« sind.

Typische Retter opfern sich für andere scheinbar selbstlos. Sie fühlen sich gut, wenn sie in der überlegenen Rolle Hilfsbedürftigen helfen können. Ihr ganzes Leben ist bezogen auf andere. Im Grunde verdecken sie mit ihrem Helferverhalten eine tiefe Wunde, einen Mangel, den sie selbst erleiden mussten. Das mangelhafte Selbstwertgefühl versuchen sie durch Helfen zu stabilisieren. Nicht selten wurde ihr Selbstwertgefühl früh verletzt, insofern sie nie bedingungslos Zuneigung erfahren durften. Das innere Skript lautet: *Du musst viel tun, um dich berechtigt zu fühlen. Liebe kann es nur für Leistung geben – dafür, dass du dich für andere opferst.*

Frau B. musste schon sehr früh für ihre Mutter da sein. Bereits als Achtjährige wurden ihr alle Sorgen erzählt, die die Mutter vor allem mit ihrem Ehemann, dem Vater von Frau B., hatte. Dieser war arbeitssüchtig und später alkoholkrank. Er hatte für die Familie wenig Zeit. Zusätzlich hatte sich die Familie mit einem aufwändigen Hausbau mit erheblichen Schulden belastet, wodurch sich die Mutter sehr eingeschränkt erlebte. Frau B. hatte sich nach Kräften bemüht, die Not der Mutter zu lindern. Sie half im Haushalt, wo sie konnte, machte der Mutter kleine Geschenke, »und wenn das mein letztes Geld war«, so ihre Erinnerung. Vor allem aber war sie für die Mutter Seelentrösterin und »Kummerkasten«. Sie opferte ihre Zeit, und auch als sie bereits selbst verheiratet war, fühlte sie sich für die Mutter verantwortlich. »Ruf mich an, wenn du mich brauchst!«, so ihre Aufforderung.

In dieser Lebensgeschichte wird der emotionale Missbrauch durch die Mutter offensichtlich. Die Rollen haben sich in typischer Weise vertauscht, ohne dass dies den Beteiligten bewusst geworden wäre. Frau B. war für ihre Mutter in die Rolle der Mutter geschlüpft. Sie schöpfte ihr Selbstwertgefühl daraus, für die Mutter wichtig zu sein. Sie selbst blieb allerdings mit ihren Bedürfnissen allein. Sie ging auf in ihrer Rolle, für die Mutter da zu sein, und spürte nicht, dass sie ihre eigene Existenz geopfert hatte. Sie hatte so sehr den Zugang zu ihren wahren Bedürfnissen verloren, dass sie zunächst glaubte, eine gute Beziehung zu ihrer Mutter gehabt zu haben.

Während der Therapie wurde ihr zunächst an einer entscheidenden Stelle bewusst, wie sehr sie unter den Umständen gelitten hatte. So sagte sie einmal zu ihrem Mann, dass sie unter allen Umständen vermeiden wollte, dass sie ihre Tochter mit ihren Problemen belasten würde.

Als die Mutter starb, konnte Frau B. deren Tod nicht verarbeiten. Ihr Schmerz war so stark, dass sie sich zunächst mit Beruhigungsmitteln, später mit Alkohol betäubte, so wurde sie suchtkrank.

Vor allem litt Frau B. unter Schuldgefühlen. Sie glaubte immer wieder, nicht genug für die Mutter getan zu haben. Wiederholt äußerte sie die Überzeugung, dass sie noch leben könnte, wenn sie mehr getan hätte.

Ihre Unfähigkeit, die Trauer zu überwinden, muss als ein Zeichen der Abhängigkeit gedeutet werden. Sie fühlte sich für das Wohlergehen der Mutter in extremer Weise verantwortlich. Ihre eigene Person war weit in den Hintergrund gedrängt. Alles schien ihr sinnlos, denn sie hatte das Gefühl, den Verlust nicht ertragen zu können. So, als sei etwas Unverzichtbares von ihr selbst gestorben, fühlte sie sich von übermächtigem Schmerz bedroht.

Die Suchtkrankheit, die sie bald entwickelte, war Ausdruck ihrer Abhängigkeit. Sie sollte als Symbol und als Hinweis auf die tiefere Störung verstanden werden.

Die Suche nach Liebesbeweisen

Zur abhängigen Persönlichkeitsstruktur gehört immer auch eine große Selbstunsicherheit und die Suche nach Liebesbeweisen. Da Menschen mit dieser Struktur sich ihrer selbst nie sicher sind, versuchen sie, Sicherheit über Bestätigung durch andere bzw. deren Zuneigung herzustellen. Sie tun viel, um geliebt zu werden. Dabei passen sie sich an und opfern sich selbst. Ihr Lebensmotto lautet oft: *Ich muss viel tun, um geliebt zu werden!*

Bleibt die Bestätigung aus, hat dies häufig nicht zur Folge, dass die Anstrengungen unterbleiben, sondern im Gegenteil: sie werden verstärkt. Der Vorsatz lautet jetzt: Ich muss mir nur noch mehr Mühe geben, dann bekomme ich endlich die Zuneigung, die ich so sehr vermisse. Hier liegt die Wurzel für abhängige Beziehungen. Obwohl aus einer Beziehung nichts Positives mehr gewonnen werden kann, erscheint sie unauflöslich. Für außen Stehende ist dies oft nicht zu verstehen. Während zu Beginn einer Suchtentwicklung die Probleme mithilfe des Suchtmittels lösbar erscheinen, wird später das Suchtverhalten zum Zwang. Ebenso verhält es sich in der abhängigen Beziehung. Zunächst scheint die Hoffnung auf Zuneigung berechtigt. Später ist diese völlig unrealistisch, es fehlt jedoch die Kraft, die Beziehung zu verlassen. Viel zu viel wurde von der eigenen Persönlichkeit geopfert, viel zu viel an Kränkung und Demütigung ertragen, als dass dies alles vergeblich gewesen sein dürfte. Auf einer tieferen Ebene bleibt die unerfüllte Sehnsucht, die elementare Liebe doch noch in der Beziehung zu finden. Der Abhängige bleibt in der Beziehung und selbst wenn er verlassen wird, kann er die Trennung nicht verwinden.

Zur abhängigen Persönlichkeitsstruktur gehört oft auch ein besonders destruktives Verhalten: Liebe und Zuneigung wird gerade bei den Menschen gesucht, die diese nicht geben können. Hier muss davon ausgegangen werden, dass dieses Muster bereits während der Kindheit entwickelt wurde. Der Zwang der Wiederholung, wie dieser Mechanismus in der tiefenpsychologischen Sprache heißt, ist zu erkennen. Die Eltern konnten das Kind nicht in ausreichender Weise lieben. Demzufolge hatte es große Sehnsucht nach Zuwendung und Bestätigung, bemühte sich jedoch oft vergeblich darum.

Von den Eltern geliebt zu werden ist ein Grundbedürfnis, und so werden die entsprechenden Bemühungen nicht so schnell aufgegeben. Diese »vergebliche Liebesmüh« wird auch dann noch weiter praktiziert, wenn längst keine Hoffnung mehr auf Zuwendung besteht. Sich zumindest bemühen ist besser, als nichts zu tun, was unerträglich wäre. Zumindest wird so dieses unerträgliche Gefühl der Ohnmacht vermieden und die Hoffnung aufrechterhalten, die Liebe (der Eltern) doch noch erringen zu können. Später finden diese Menschen mit traumwandlerischer Sicherheit immer wieder Personen, die ebenfalls nicht in der Lage sind, sie zu schätzen, aber gerade von diesen erwarten sie das Unmögliche. Frustration, Wut und Selbsthass sind die Folge. Mit Abstand betrachtet wird deutlich, dass das Problem nur mit Abstinenz zu lösen ist: abstinent werden von der Sucht nach Liebe und Anerkennung, Abstinenz von Verbiegen und Unterwürfigkeit, von Überanpassung und Selbstaufopferung.

Liebe ist immer ein Geschenk. Sobald man etwas dafür leisten muss, ist es keine Liebe. Ein wesentlicher Schritt wäre, sich zu öffnen, um die Aufmerksamkeit dorthin zu lenken, wo man Liebe geschenkt bekommt. Gerade den Menschen, die hinter Liebe »herlaufen«, fehlt der Blick dafür. Mitunter ist es ihnen noch möglich, echte Liebe zu erkennen, jedoch können sie dies häufig nicht wertschätzen, etwa weil sie die entsprechende Person selbst nicht genügend wertschätzen, folglich ist dann deren Liebe dementsprechend auch nicht viel wert. Wert hätte nur die Zuneigung von einer Person, von der man nichts bekommen kann – ein häufiges Drama.

Der Teufelskreis wird sich weiterentwickeln, bis er bewusst zum Stillstand gebracht wird. Dies ist mit Angst verbunden und kann meist nur in kleinen Schritten vollzogen werden.

Aus dem bisher Geschilderten wird offenkundig, dass ein Mangel an Selbstliebe abhängig und bedürftig macht. Wenn authentisches Leben nicht möglich ist, kann sich keine Selbstliebe entfalten. Der Abhängige musste sich früh verbiegen, eine Rolle spielen, die er vielleicht sogar glaubte, gerne spielen zu wollen.

In der minderwertigen Rolle der *Gänsemagd* vermag sich niemand als liebenswürdig zu empfinden.

Die Wutblockade

Wut und Ärger sind elementare Gefühle, die der Abgrenzung dienen. Sie sind natürliche Reaktionen auf Situationen, in denen wir uns bedroht fühlen, in denen wir verletzt werden oder versucht wird, uns Freiheit zu nehmen. Vielen Kindern werden entsprechende spontane Impulse verboten. Die modernen Lebensumstände verlangen Anpassung und damit die Unterdrückung von Zorn und Ärger.

Der Zugang zu Wut- und Ärgergefühlen ist bei Menschen mit einer abhängigen Persönlichkeitsstruktur meist blockiert. Damit ist gemeint, dass sie mitunter keinen Ärger spüren: auch nicht in Situationen, in denen sie sich eigentlich abgrenzen und wehren sollten.

Frau T. ist seit einer Woche in der Klinik. Der Therapeut fragt sie, ob sie sich schon einmal geärgert habe. Frau T. gibt zur Antwort, dass dies noch nicht der Fall gewesen sei. Auch auf Nachfrage kann Frau T. keine Situation erinnern, in der sie Ärger oder Wut gespürt hätte.

Wie kann das sein, dass Frau T. im intensiven Zusammenleben mit vielen Menschen bis dahin keinen Ärger verspürte? Eigentlich hätte es Gelegenheiten genug gegeben, etwa bei den gemeinsamen Mahlzeiten oder während der Freizeiten. Als Neuling in der Therapiegruppe vermied Frau T. nicht nur jeglichen Ärger, sondern war zusätzlich bemüht, es allen recht zu machen; stets lächelte sie freundlich und liebenswürdig.

An dieser Stelle gilt es, zwei unterschiedliche Typen zu unterscheiden:

Typ A: Manche Menschen spüren Ärger, können diesen jedoch nicht zeigen, sie »schlucken ihn«. Sie machen gute Miene zum bösen Spiel und bieten ihrem Gegenüber eine Fassade. Sie tun so, als ob sie sich nicht ärgerten, fühlen jedoch anders.

Typ B: Andere spüren den Ärger nicht einmal mehr. Sie spalten ihn ab. Dies kann besonders auf bestimmte Personen bezogen sein. Etwa: Über meine Mutter habe ich mich noch nie geärgert. Wie kann das sein?, möchte man fragen. Offensichtlich wurde schon früh jedes Ärgergefühl mit einem Tabu belegt. Nach der Devise: *es darf nicht sein, was nicht sein soll,* wird jeder aggressive Impuls unterdrückt. Da Gefühle immer einer Dynamik unterworfen sind, wird sich die Gefühlsenergie einen anderen Kanal suchen, etwa in Form übersteigerter Ängste oder depressiver Gefühle.

Typ A hat noch Zugang zu seiner Wut und seinem Ärger, kann dies aber nicht zeigen. Er hat Angst vor Nachteilen, Zurückweisung u. Ä. Er müsste lernen, Ärgergefühle offen und angemessen zum

Ausdruck zu bringen. Hier kann ein Training weiterhelfen. Ein gutes Übungsfeld ist eine therapeutische Gemeinschaft, die den Patienten die notwendige Sicherheit bietet, das neue Verhalten auszuprobieren. Ein solches Training beinhaltet auch unmittelbare *Rückmeldungen* von Therapeuten oder Mitgliedern einer Selbsterfahrungsgruppe. Besonders wirksam sind positive Verstärker. Patienten lernen, dass sie in der Therapiegruppe dafür geschätzt werden, wenn sie sich trauen, kritische Meinungen zu äußern.

Für Typ B ist es in aller Regel schwieriger, Wut- und Ärgergefühle angemessen zu empfinden, zu spüren. Früh wurden vitale Impulse massiv blockiert:

Frau M. war ein angepasstes Kind. Niemals hätte sie irgendwelche negativen Gefühle der Mutter gegenüber geäußert. Sie war der kleine Engel der Mutter, die sich selbst mit einer göttlichen Aura umgab.

Als erwachsene Frau wirkte sie immer noch engelhaft, ohne eigene Konturen und Kanten. Dabei war sie keineswegs glücklich. Hinter der freundlichen Maske wirkte sie bitter und freudlos. In Partnerschaft und Sexualität blieb sie unbefriedigt.

Frau M. fällt es grundsätzlich schwer, Ärger oder Zorn überhaupt zu spüren. Sie rechtfertigt sich mit dem Hinweis: Sie könne Menschen, die ärgerlich oder zornig würden, nicht ausstehen.

Aggressionen gehören zum Leben wie die Luft zum Atmen. Die Kunst besteht darin, sie möglichst unschädlich für sich und andere auszuleben. Sind sie blockiert, hat dies Auswirkungen auf die Lebensfreude, auf die vitalen Energien und z. B. auch auf die Sexualität.

Die Wut »verpufft«

Bei vielen Menschen, die am *Gänsemagd-Syndrom* leiden, kommt es zu Wutanfällen, die jedoch verpuffen, da diese Energie letztlich nicht zu einer wirklichen Befreiung reicht. Die Wutanfälle führen nicht zur Abgrenzung, sondern zu Schuldgefühlen.

Niemand kann sich in der Rolle der *Gänsemagd* wohl fühlen. Viel zu sehr wird er sich unfrei, unterdrückt, klein und abhängig fühlen. Der innere Zorn wächst mit der Anpassung an die Rolle. Die angestaute Energie, die durch »Schlucken« von Ärgergefühlen, Ohnmacht und Wut einen kritischen Wert überschreitet, entlädt sich explosionsartig, also viel zu stark und nicht selten an der falschen Stelle. Nach dem Wutausbruch kommt die »Abkühlung« und die Erkenntnis, dass die Reaktion unangemessen war. Der Anlass war zu gering, als dass man so wütend hätte werden dürfen, oder aber die falsche Person hat den Ärger »abbekommen« bzw. der Wutausbruch passte nicht an diese Stelle – die eigentliche Wut bezog sich auf eine andere Begebenheit in der Vergangenheit. Die Folge sind Schuldgefühle, die wiederum zu verstärkter Anpassung führen. Betroffene »reißen sich jetzt besonders zusammen«, da sie einen erneuten Wutausbruch vermeiden wollen. Wieder reagieren sie überangepasst, »pflegeleicht«, kommen allen Erwartungen nach. Logische Folge ist ein erneutes Ansammeln von Ärgerenergie, welche früher oder später ein kritisches Maß überschreitet und zwangsläufig wieder zur Entladung führt. Ein Teufelskreis ist zu erkennen, der Anpassung und Abhängigkeit verstärkt.

Schuldgefühle führen zu Selbsthass und Depression

Wir reden unablässig mit uns selbst, und diese Selbstgespräche, die in aller Regel stumm im privaten Innenraum unserer Psyche stattfinden, haben den entscheidenden Einfluss auf unsere Stimmungen und Gefühle. So wie wir mit uns selbst reden, so fühlen wir uns. Nach einem unangemessenen Wutausbruch treten, wie bereits erwähnt, verstärkt Schuldgefühle auf. Für das Selbstgefühl haben sie verheerende Auswirkungen. Betroffene richten auf diese Weise die Wut gegen sich selbst. Sie bezichtigen sich, versagt zu haben, unfähig zu sein, und bewerten das unangemessene Verhalten als Schlappe und Niederlage: Es hätte nicht passieren dürfen. Negative Gedanken führen zu negativen Gefühlen. Die Lösung wird darin gesucht, durch Selbstabwertung und Selbstvorwürfe sozusagen vorzusorgen. »Das soll mir nicht noch einmal passieren«, so lautet der Vorsatz. Auf Dauer wird Selbsthass die Folge sein, da Betroffene sich viel zu sehr anpassen, um nicht wieder auffällig zu werden: man hat ja noch etwas gutzumachen, man will jetzt zeigen, dass man ein guter Mitarbeiter, eine gute Partnerin, eine gute Mutter ist… Am liebsten möchte man den Wutanfall ungeschehen machen – daher die große Bereitschaft zur Überanpassung. Selbstvorwürfe, Zerknirschtheit und Schuldgefühle schwächen das Selbst und bauen z. B. ein narzisstisches Gegenüber erst recht auf. Emotionale Stabilität und Selbstsicherheit gehen verloren. Vor allem aber werden Ärger und Wut erneut »geschluckt«. Wie ein Fass, das sich langsam wieder anfüllt, bevor es überläuft, sammelt sich Wutenergie, die dann früher oder später wieder explodiert.

In Partnerbeziehungen haben Menschen mit dem *Gänsemagd-Syndrom* typische Probleme, die im Folgenden untersucht werden.

Konrädchen und die goldenen Haare

Perfektionismus führt zu Unnahbarkeit. So wirkt auch die *Gänsemagd* unzugänglich, kühl und distanziert. Sie kann nicht gestatten, dass jemand sie berührt. Manchmal wirken derartige Menschen arrogant, da sie sich hinter einer perfekten Maske verstecken. Ihre große Angst und ihre Selbstunsicherheit sollen unerkannt bleiben. Nur wer sie näher kennen lernt, wird ihre immense Verletzlichkeit spüren. Die Arroganz ist also Tarnung, ist *splendid isolation*, eine grandiose Isolation, hinter der sich Unsicherheit und ein Minderwertigkeitsgefühl verbergen.

So kann auch Konrädchen ihr nicht nahe kommen. Sein Bemühen, etwas von den goldenen Haaren zu erhaschen, ist ein Versuch der Annäherung. Er sieht ihre Schönheit und ist überwältigt. Er will sie »haben« – aber sie lässt ihn hinter seinem Hut herlaufen. Diese Szene im Märchen wiederholt sich einige Male.

Tiefenpsychologisch betrachtet ist hier ein Wiederholungszwang zu erkennen: etwas, das sich immer wieder zeigt, demzufolge also betont wird und verstanden werden will.

Auf die Wirklichkeit übertragen erkennen wir die typische Beziehungsdynamik der abhängigen Persönlichkeitsstruktur. Konrädchen läuft immer wieder hinter seinem Hut her, weil hier jemand über magische Kräfte zu verfügen scheint. Immer wieder fällt er herein, ist enttäuscht und wird böse. Die typische Erotik der *Gänsemagd* folgt dem Grundsatz: Kuscheln ja, Sex nein. Die vitalen Kräfte ihrer Sexualität sind blockiert. Das Bedürfnis nach körperlicher Nähe ist vorhanden und oft sogar stark ausgeprägt, die sexuelle Erlebnisfähigkeit jedoch eingeschränkt und wird daher vermieden. Ausflüchte werden gesucht: Müdigkeit wird vorgetäuscht, Migräne oder andere körperlichen Beschwerden stellen sich ein, und zwar immer dann, wenn es »ernst« werden könnte. Die Stimmung wird gründlich verdorben, und Konrädchen fühlt sich verprellt, ist frustriert und wütend.

Konrädchens Hut ist ein Zeichen seiner männlichen Identität. Es ist kein Zufall, dass es gerade sein Hut ist, hinter dem er herlaufen muss, geht es doch nicht zuletzt um seine Männlichkeit, die hier in Gefahr ist. Wie bereits erwähnt, sind die Figuren im Märchen nie zufällig gewählt. Es ist kein ausgewachsener Gänsehirte, dem die *Gänsemagd* zugeordnet wird, sondern ein Junge. Auch die Verniedlichung des Namens, nicht Konrad, sondern Konrädchen, weist in diese Richtung. Auf die Wirklichkeit übertragen finden wir einen Mann, der sich innerlich wie ein Junge fühlt und seine männliche Identität über Sexualität sucht. Er hat ein sehr ähnliches Problem wie die *Gänsemagd*, die sich ebenfalls nicht reif, erwachsen und unabhängig fühlt. Traumwandlerisch sicher hat er in seinem Bemühen, eine Partnerin zu finden, die ihn in seinem »Mannsein« bestätigen soll, das Gegenteil gefunden. Gerade an seiner empfindlichsten Stelle wird er frustriert.

Sex allein reicht jedoch auch nicht als Bestätigung für Männlichkeit. Männer wie Konrädchen suchen diese Bestätigung jedoch immer wieder an der falschen Stelle. Da sie dieses Gefühl des Mannseins, ihre männliche Identität nicht in der Beziehung finden, suchen sie sie außerhalb, etwa in Affären und Seitensprüngen. Eine Prostituierte ist dann gut, wenn sie Männern das Gefühl vermittelt, dass sie »als Mann gut sind«. Nur so kann sie sicher sein, dass die Freier wiederkommen. Die Zweifel an seiner Männlichkeit sind bei Konrädchen viel tiefer, als dass sie sich mit gutem Sex beheben ließen. Seine innere Bindung an die Mutter, für die er immer noch »der kleine Junge« ist, bleibt ebenfalls Bestandteil seiner Persönlichkeit. Der Versuch, als Mann zu imponieren, kann als Versuch verstanden werden, diese inneren Zweifel zu beseitigen. Obwohl das Problem sich so nicht wirklich lösen lässt, wird es immer wieder auf diesem Weg versucht. Sex als Problemlöser gegen Minderwertigkeit, gegen das Gefühl »klein und kein Mann zu sein«, führt zu Sexsucht. Der *Don Juan* bleibt letztlich bindungsunfähig. Es gelingt ihm nicht wirklich, seine männliche Identität zu entfalten. Gerade seine Sucht nach immer neuen Abenteuern wird ihn auf eine kindliche Stufe fixieren. Letztlich wird er sich leer und immer leerer fühlen.

Kehren wir zurück zur *Gänsemagd* und versuchen wir, ihr Drama besser zu verstehen:

Abends ziehen sie wieder mit den Gänsen durch das Tor, und es kommt zu der erwarteten Szene mit Falada, der nur noch als Pferdekopf antworten kann. Falada, den die alte Königin ihrer Tochter mitgegeben hat, ist wie ein Relikt aus alter Zeit: das Einzige, was ihr übrig geblieben ist. In dieser wiederkehrenden Zeremonie wird die Fixierung auf die Mutter mit aller Deutlichkeit demonstriert und auch das scheint Konrädchen zu ärgern, denn er erzählt es dem alten König.

Konrädchen und seine Wut – oder die abhängige Beziehung

Konrädchen wird immer wieder frustriert, er kommt an die Gänsemagd nicht heran. Eine Locke ihrer goldenen Haare zu erwischen wäre ein Traum, aber er kann nicht in Erfüllung gehen. Versuchen wir, die Symbolsprache zu verstehen, dann sehen wir, dass hier eine Beziehung unbefriedigend bleibt. Die goldene Locke steht für etwas Wunderbares, das man gewinnen könnte, das einem so nah erscheint, aber doch immer wieder entzogen wird. An dieser Stelle müssen wir uns einen hungrigen Menschen vorstellen, dem ein Stück Kuchen angeboten wird, welches ihm allerdings genau in dem Augenblick, wenn er hineinbeißen will, vorenthalten wird. Sein Hunger wird ungleich größer sein, als wenn er überhaupt keinen Kuchen gesehen hätte. In der griechischen Mythologie ist es Tantalos, der zur Strafe in Wasser gestellt wird, über seinem Kopf hängen reife Früchte. Ständig leidet er unter großem Hunger und Durst, aber sobald er sich beugt, um zu trinken, senkt sich der Wasserspiegel, sobald er sich nach den reifen Früchten streckt, weichen diese zurück. Konrädchens Ärger ist also nur zu verständlich.

Übertragen wir dies auf die Beziehungen der Menschen, die ein typisches *Gänsemagd-Syndrom* entwickeln mussten, so ist es ihnen offensichtlich nicht möglich, wirklich zu einem Partner zu finden. Man bleibt getrennt, auch wenn man zusammen ist. Auffällig ist, dass Konrädchen nichts von der inneren Not der *Gänsemagd* weiß. Es interessiert ihn auch nicht, denn er ist nur mit seinem Frust beschäftigt: nicht, dass man jemandem einen Vorwurf machen könnte, denn auch die *Gänsemagd* erzählt ihm ja nichts von ihrem wahren Leid. Versuchen wir, diese Vorgänge auf typische Beziehungskrisen zu übertragen, dann erkennen wir erstaunliche Parallelen. Menschen ergehen sich in gegenseitige Schuldzuweisungen, ohne auch nur eine Ahnung von der wirklichen Not des anderen zu haben. *Wenn du mich doch lieben würdest*, lautet die häufige Klage.

Menschen mit dem *Gänsemagd-Syndrom* suchen Partner, an die sie sich »klammern« können. Ihre große Angst vor dem Leben, ihre Selbstunsicherheit lässt sie nach Halt suchen. Beziehungen werden häufig nach dem Schlüssel-Schloss-Prinzip eingegangen. Dies bedeutet, dass sich Partner in ihren Schwierigkeiten ergänzen. Was liegt näher, als sich einen Partner zu suchen, der nach außen Stärke, Selbstsicherheit, Aggressivität und Durchsetzungsvermögen abstrahlt. Im Stillen bewundert sie ihn wegen seiner Fähigkeiten – Aggressivität und Rücksichtslosigkeit – wovon sie viel zu wenig hat.

Typischerweise kommen hierfür, wie schon erwähnt, Menschen mit einer mehr oder weniger starken narzisstischen Persönlichkeit in Frage. Diese suchen Partner, die ängstlich und abhängig ihre Grandiosität bewundern. Sie fühlen sich geliebt, wenn sie bewundert und verehrt werden. Die entsprechende Beziehungsdynamik spiegelt sich in folgender Fabel:

Herr Pfau und Frau Graugans wollen heiraten und treten vor den Standesbeamten. Dieser ist über das ungleiche Paar so erstaunt, dass er seine berufliche Zurückhaltung vergisst und fragt, ob diese Verbindung wohl die richtige sei. Herr Pfau zerstreut seine Bedenken und sagt: Meine Frau und ich, wir lieben mich unbeschreiblich.

Zum Drama des narzisstisch Gestörten gehört oft, dass er nur wegen Leistung und Erfolg akzeptiert und anerkannt wird. Sein schwaches Selbstwertgefühl versucht er nach außen mit gespielter Stärke zu kaschieren. Die Bewunderung, die er in der Beziehung zunächst erfährt, scheint auch sein Defizit zu beheben oder zumindest zu lindern. Die abhängige Persönlichkeit hat jemanden gefunden, den sie idealisieren, anschwärmen, bewundern und verehren kann. Der Partner mit der narzisstischen Persönlichkeitsstruktur fühlt sich beglückt und ist zunächst beeindruckt von so viel Gefühlstiefe, zu der er selbst nicht in der Lage ist. Bald wird das Spiel jedoch langweilig. Nach dem Rausch kommt die Ernüchterung. Wieder wird er sich leer fühlen und den abhängigen Partner, auf den er allmählich mit Verachtung schaut, für sein mieses Selbstgefühl verantwortlich machen.

Wir erkennen, dass beide gegenseitig zu »Problemlösern« werden. Eine abhängige Beziehung ist daran zu erkennen, dass zentrale Lebensprobleme mithilfe der Beziehung gelöst werden sollen. Der Partner vermittelt das Gefühl, dass man es mit ihm schaffen kann.

Die Beziehung wird oft auch unbewusst als Problemlöser eingesetzt.

Betrachten wir die Dinge wieder mit Abstand, dann erkennen
wir, dass die Beziehung missbraucht wird. So wie die alte Königin
ihre Tochter für ihre eigene Lebensbewältigung missbraucht, wird
jetzt der Partner missbraucht, um Sicherheit herzustellen.

Die typische *Gänsemagd* will versorgt sein und sucht den nötigen Halt für ihr Leben in der Abhängigkeit. Der narzisstische Partner sucht Bestätigung und Bewunderung für sein schwaches Ego.

Für die *Gänsemagd* bedeutet dies, dass sie von einer Abhängigkeit in die andere flüchtet. Sie hat das Problem, dass es ihr nicht
gelingen konnte, sich von ihrer dominanten Mutter zu lösen, und
leidet unter den zahlreichen Schwierigkeiten, die sich aus der problematischen Beziehung zu ihrer Mutter ergeben. Sie sucht Halt und
Sicherheit, die ihr zuvor durch die Mutter vermittelt wurden, nun
beim Partner.

Die Beziehung wird zur Falle: Der dominante Partner wird sie
für seine Zwecke missbrauchen. Nicht die ersehnte Freiheit, sondern erneute Unfreiheit ist die Folge. Schon bald wird sich der narzisstische Partner nicht mehr genügend »gespiegelt« d. h. verehrt
und bewundert fühlen und frustriert sein. Hier erkennen wir wieder Konrädchen, der die goldenen Haare nicht bekommt und deswegen böse ist. So wie sie es schon der Mutter nicht recht machen
konnte, reicht sie jetzt auch dem Partner nicht.

Menschen in der Rolle der Kammerjungfer, also mit einer narzisstischen Persönlichkeit, sind bald enttäuscht über die Entwicklung der Partnerschaft. Können sie sich zu Beginn der Beziehung
in der Idealisierung sonnen, die die *Gänsemagd* ihnen zuteil werden lässt, merken sie bald, dass Bewunderung letztlich das Minderwertigkeitsgefühl nicht wirklich behebt. Auch die *Gänsemagd* wird
enttäuscht, da sie in einer solchen Beziehung nicht die ersehnte
Glückseligkeit findet. Bald wird sie sich ausgenutzt fühlen, da der
Egoismus des Gegenübers offensichtlich ist. Meist wird sie um »des
lieben Friedens willen« nachgeben, da sie nicht gelernt hat, mit

dem notwendigen Nachdruck für die eigenen Bedürfnisse einzutreten.

Menschen mit einer narzisstischen Persönlichkeitsstruktur tragen die Tendenz in sich, andere zu kritisieren und zu entwerten; bewusst oder unbewusst sie dies, um sich selbst größer zu fühlen. Leichtfertigkeit, Unachtsamkeit sowie Fehler werden getadelt, etwa in ähnlicher Weise, wie dies Eltern mit ihren Kindern tun. Die ständigen Abwertungen entsprechen oft dem, wie Menschen mit dem *Gänsemagd-Syndrom* sowieso schon mit sich selbst umgehen: Sie sind ja ohnehin häufig mit selbst-abwertenden Gedanken beschäftigt. Bei der Untersuchung depressiver Erkrankungen in der Familie haben Forscher gefunden, dass Patienten, die eine Depression entwickelten, häufiger abgewertet wurden als andere Mitglieder in der Familie.

Der Mensch in der Rolle der *Gänsemagd* ist häufig mit depressiven Gefühlen beschäftigt: Sorgen, Grübeln, Ängste und Zweifel bestimmen den Tag. Demgegenüber ist der narzisstisch Gestörte mit aggressiven Gefühlen beschäftigt: Ärger, Wut, Groll und Zorn finden sich im Übermaß.

Die Partner stehen sich nicht in Augenhöhe gleichberechtigt gegenüber, sondern es ist ein deutliches Gefälle zu beobachten. So wie im Märchen die Kammerjungfer »oben« steht, findet die *Gänsemagd* sich in der unterlegenen Rolle wieder. Das Gefühl der Unzulänglichkeit, welches die *Gänsemagd* immer schon in sich trägt, wird in der Partnerschaft verstärkt. Wir können erkennen, dass die während der Kindheit stattgefundene Entwertung fortgesetzt wird. Traumwandlerisch sicher kommt es zum »Zwang der Wiederholung«, wie dieser Vorgang in der Psychotherapie heißt. Unbewusst sucht man einen Partner, mit dem das eigene Drama wiederholt wird. In den meisten Fällen findet sich tatsächlich wiederum ein Partner, der abwertet.

Das Bestreben der *Gänsemagd*, ihren Partner zu erreichen, erscheint unmöglich. Was sie auch tut, wie sehr sie sich auch opfert, sie wird die Distanz, die in der Partnerschaft vorhanden ist, nicht überwinden. Der Partner in der Rolle der Kammerjungfer wird sich letztlich abwenden, seine eigenen Interessen verfolgen, sei es die berufliche Karriere, ein Hobby oder sonstige Aktivitäten. Die *Gänsemagd* leidet vor allem unter der Sprachlosigkeit in dieser Beziehung. Sie lebt für den Partner, weniger mit dem Partner.

Viele dieser Beziehungen sind innerlich tot. Trotzdem erscheint eine Trennung häufig unmöglich. Vor allem fürchten Menschen in der Rolle der *Gänsemagd* eine Trennung deshalb, weil sie sich alleine nicht lebenstüchtig fühlen. Sie fühlen sich ausgeliefert, fürchten das Alleinsein, das Verlassensein, so wie die Mutter Angst vor der endgültigen »Abnabelung« empfand. Die Angst vor dem Verlust des Partners ist häufig ständiger Begleiter. Das schwache Selbstwertgefühl verstärkt dies. Solche Menschen können sich nicht vorstellen, für den Partner genügend attraktiv zu sein. Warum sollte er so zu ihnen halten? Vor allem fühlen sie sich anderen unterlegen. Starke Eifersuchtsgefühle sind die Folge.

Beziehungen haben nicht selten zerstörerischen und süchtigen Charakter, und trotz eines extrem starken gegenseitigen Hasses scheint eine Trennung nicht möglich.

Gegensätze ziehen sich an

»Gegensätze ziehen sich an«, heißt es im Volksmund, und häufig ist dies auch so. Die Gegenüberstellung in der folgenden Abbildung verdeutlicht, dass die abhängige und die narzisstische Persönlichkeit ausgesprochen gegensätzlich sind. Die Darstellung zeigt die jeweilige extreme Form. In vielen Fällen werden die Gegensätze nicht so krass sein, es wird jedoch besonders deutlich, was beide Partner lernen müssten. Sie müssten sich aufeinander zu bewegen. Wie so häufig liegt die Wahrheit in der Mitte. So wie der Narzisst sich aus seiner grandiosen Isolation herausbewegen müsste, wäre es für den Abhängigen notwendig, an der eigenen Unabhängigkeit zu arbeiten.

Abhängige Persönlichkeit	Narzisstische Persönlichkeit

ist ängstlich und anklammernd	*hat Angst vor Abhängigkeit*
kann nicht alleine sein	*glaubt, alles alleine zu schaffen*
ist emotional weich und nachgiebig	*ist emotional hart und kalt*
wird von Gefühlen geleitet	*»Kopffüßler«, kaum Zugang zu Gefühlen*
selbstunsicher	*fassadär, unecht und egoistisch*
starkes Mitgefühl	*nur wenig echtes oder kein Mitgefühl*
entwickelt leicht Schuldgefühle	*auf eigenen Vorteil bedacht*
opfert sich in Beziehungen	*beutet Beziehungen aus*
unterschätzt die eigenen Fähigkeiten	*überschätzt die eigenen Fähigkeiten*
wird mitunter von Gefühlen überschwemmt (Angst, Trauer, Freude, Wut)	*hat keine Gefühlstiefe, außer starke Wut, reagiert im Falle der Kränkung überschäumend*
Angst vor Kränkung	*große Angst vor Kränkung*

Auch wenn beide Partner nach außen so unterschiedlich erscheinen, ähneln sich ihre wesentlichen Probleme doch sehr. Beide tragen sie eine Störung des Selbstwertgefühls in sich. Die tiefen Selbstwertzweifel führen beim narzisstisch Gestörten zur Flucht in den »Elfenbeinturm«, in eine grandiose Isolation, die ihn vor Verletzungen und Kränkungen schützen soll. Den umgekehrten Weg wählt der Mensch mit einer abhängigen Persönlichkeitsstruktur, er versucht die Angst zu verringern, indem er sich anpasst und unterwirft.

Immer neue Witze werden über »böse Schwiegermütter« erfunden: ein untrügliches Zeichen dafür, dass viele sich hier entlasten möchten, indem sie jemanden lächerlich machen, den sie insgeheim fürchten. Im Märchen ist es der Drache (die Schwiegermutter), der die schöne Königstochter bewacht und alle Jünglinge, die sich ihr nähern, umbringt (kastriert, um ihre Männlichkeit bringt). Manchmal ist der Drache siebenköpfig, und alle Köpfe müssen abgeschlagen werden; mitunter wachsen die Köpfe jedoch auch immer wieder nach. So verhält es sich mit mancher Mutter, die die Partner ihrer Tochter in die Flucht schlägt (sie tötet). Das Abschlagen des Drachenkopfes will symbolisch verstanden werden: Wenn man die Schwiegermutter zur vorderen Tür hinausgeworfen hat, pflegt sie durch die Hintertür wieder hereinzukommen (der Kopf wächst einfach immer nach). In solchen Bildern drückt sich der natürliche Kampf um Unabhängigkeit aus, der notwendig und nicht selten schmerzhaft ist.

In der Partnerersatzrolle erscheint eine Lösung aus der elterlichen Umklammerung nicht möglich. Viele Mütter, nicht selten auch Väter, »klammern« ihre Kinder und wollen sie nicht eigenständig werden lassen. Sie wollen sie sozusagen »für sich behalten«. Mitunter sind hier nach außen grotesk erscheinende Verhaltensweisen zu beobachten: Eine Tochter ruft ihre Mutter mindestens dreimal täglich an, um Banalitäten bis ins Kleinste zu besprechen. Oder: Der tägliche Anruf bei der Mutter muss mindestens eine Stunde dauern, mitunter dauert er zwei Stunden und länger. Oder: Der tägliche Besuch hat zu einer bestimmten Zeit zu erfolgen, wenn nicht, wird dies als Vernachlässigung gedeutet und mit entsprechenden Vorwürfen belastet. Die Liste dieser »Kuriositäten« ließe sich leicht fortsetzen. Das Leben ist wie von den Eltern ferngesteuert, sie dominieren es jederzeit. Manchmal erscheint dies bequem, man braucht nicht selbst zu denken oder auch selbst das Risiko der Unabhängkeit zu tragen, weil die Verantwortung bei den

Eltern bleibt. Entscheidungen werden ebenso von den Eltern getroffen wie Anweisungen vom »Kind« ausgeführt. Manchmal ist es auch umgekehrt und das Kind hat für einen unselbstständigen Elternteil die Mutterrolle übernommen.

Sobald ein Partner in das Leben der Tochter oder des Sohnes tritt, wird die Harmonie, die nach außen so perfekt erscheint, meist zerstört. Im abhängigen Elternteil werden panische Angst und starke Eifersuchtsgefühle entstehen, denn der Verlust des Kindes (des Partners!) erscheint unerträglich. Auch wenn der Verstand sagt, dass es an der Zeit wäre, die erwachsene Tochter oder den Sohn loszulassen, werden die übermächtigen Angstgefühle nicht bewältigt. Fühlen wir uns in solch eine Mutter bzw. solch einen Vater hinein, spüren wir, dass ihm alles, was ihr/ihm wichtig ist, verloren zu gehen droht. Die Angst vor dem Verlust der Beziehung führt meist zu verstärktem Klammern. Mit allen fairen und unfairen Mitteln wird um die Beziehung gekämpft, und mancher Partner wurde bereits durch eifersüchtige Mütter oder Väter in die Flucht geschlagen.

Nicht selten ist die Partnerwahl die erste eigenständige Entscheidung gegen den Willen der Eltern oder eines dominanten Elternteils. Die abhängige Dynamik bleibt jedoch erhalten. Da die *Gänsemagd* sich allein nicht gegen die Eltern behaupten kann, wird sie einen Partner wählen, der ihr den notwendigen Halt zu geben scheint. Mit seiner Hilfe wird sie sich der elterlichen Einflussnahme entziehen können. Mit großer Sicherheit gerät sie jedoch in eine neue Abhängigkeit. Die Persönlichkeitsentwicklung muss mangelhaft bleiben. Sie bleibt auch in der Partnerschaft in der *Gänsemagd-Rolle.*

Der Mensch in der Rolle der *Gänsemagd* fühlt sich häufig zwischen Baum und Borke. Sein schwaches Selbst will jeden Streit vermeiden, und er will es beiden recht machen, dem Elternteil, von dem er emotional abhängig ist, sowie dem Partner. Dies ist jedoch nicht möglich, zudem stehen sich beide häufig feindlich und eifersüchtig gegenüber.

Auch Partnerprobleme werden z. B. mit der Mutter besprochen. Der eigentliche Gesprächspartner ist dann die Mutter, während die Kommunikation in der Partnerbeziehung im Wesentlichen erlischt. Ein Auseinanderleben des Paares ist hier die natürliche Folge.

Ein nicht selten anzutreffendendes Beziehungsmuster: Die Ehefrau lebt mit ihrer Mutter in einer symbiotischen Abhängigkeit, und der Ehemann geht seinen Interessen, Hobbys und seiner Karriere nach. Er lebt sein Junggesellenleben weiter und unterhält eventuell außereheliche Beziehungen.

Menschen mit abhängigen Persönlichkeitsmerkmalen befinden sich häufig in einer Zwickmühle. Sie wollen niemanden verletzen, können sich nicht wirklich für oder gegen den Partner entscheiden. Letztlich bringen sie es nicht fertig, sich gegen die (sanft) dominanten Ansprüche der Mutter oder des Vaters zu entscheiden. Sie leben zwischen Baum und Borke – ein anstrengendes Dasein.

Hoffnungslosigkeit

Fühlen wir uns in die *Gänsemagd* ein, dann ist immer wieder ein Zustand tiefer Hoffnungslosigkeit deutlich zu spüren. Sie spielen ihre Rolle – mehr aber auch nicht. Sie hat ihre Aufgabe, es wird jedoch bald klar, dass sie darin keine Berufung sieht oder sehen kann. Sie fristet ihr Dasein, ist depressiv und niedergeschlagen. Hier ist die Basis für eine depressive Erkrankung gegeben, in der sich manchmal besonders stark das Lebensgefühl von Menschen mit abhängigen Persönlichkeitsmerkmalen spiegelt. Es ist von Hoffnungslosigkeit gekennzeichnet. Was sie auch tun, nie wird es reichen; immer haben sie das Gefühl, nicht zu genügen. Andere Menschen erscheinen unberechenbar, wenn sie nicht genau wissen, was von ihnen erwartet wird. Sie finden aus ihren Ängsten nicht heraus, sobald sich eine Aufgabe als gelöst zeigt oder ein Problem bewältigt erscheint, ergibt sich ein neues, von der Struktur her ähnliches Problem. Die bekannten Ängste und Grübelzwänge stellen sich wieder ein. Der Kontakt zu anderen Menschen ist hiervon zutiefst gekennzeichnet.

Frau K. ist erstaunt, dass sie in der Therapiegruppe ernst genommen wird. Zunächst kann sie nicht verstehen, dass die Gruppenmitglieder sie zur Gruppensprecherin wählen. Wieso ausgerechnet sie?

Nach außen zeigt Frau K. sich optimistisch. In Wirklichkeit verbirgt sie ihre Angst und Minderwertigkeitsgefühle. Selbstverständlich ist die innere Welt wesentlich gültiger als die äußere Fassade. Aus diesem Blickwinkel sieht sie immer nur ihr Versagen und ihre Unzulänglichkeit, ihre Ängste. Sie kann nicht glauben, dass sich dies je ändern wird. Sie macht weiter, ohne Hoffnung und Optimismus.

Weder das nach außen gezeigt Fassadäre noch die innere Minderwertigkeit, die Folge des emotionalen Missbrauchs ist, den Frau K. durch ihre Mutter erleben musste, sind als die wahre Persönlichkeit zu identifizieren. Es wird für Frau K. eine lebenslange Aufgabe bleiben, sie selbst zu werden. Es gehören Ehrlichkeit und Mut dazu, die eigene Persönlichkeit und Wahrheit zu finden. In der Therapiegruppe lernt Frau K., über ihre Ängste zu reden – sie wird authentischer.

Auch Männer geraten oft in die Rolle der Gänsemagd

Herr S., ein 29-jähriger Patient, kam mit extremem Übergewicht in die Klinik. Neben Alkohol hatte er auch Nahrung in großen Mengen zur Betäubung von Selbsthass, Frustration und depressiven Gefühlen eingesetzt. Die extreme Abhängigkeit von der Mutter wurde bald das wesentliche, bestimmende Thema in der Therapie.

Das Leben in der Rolle der Gänsemagd war auch bei Herrn S. deutlich zu erkennen. Er litt unter starken Minderwertigkeitsgefühlen, hatte bis dahin nur flüchtige Beziehungen zu Frauen und war ein typischer Ja-Sager. Die Mutter hatte ihn verwöhnt und versucht, ihn vor allen Härten und Problemen in Schutz zu nehmen. Dies hatte ihn bequem werden lassen, ihm mangelte es an Selbstvertrauen. Insgesamt wurde Herr S. von seiner dominanten Mutter völlig vereinnahmt und dirigiert.

Zuletzt hatte Herr S. sich selbst aufgegeben und war völlig dem Alkohol verfallen. Nachdem er seine Arbeit verloren hatte, wollte er sich nur noch mit Essen und Alkohol betäuben. Er geriet in einen lebensbedrohlichen Zustand und musste auf die Intensivstation eines Krankenhauses gebracht werden.

Der Vater von Herrn S. war ebenfalls suchtkrank. Damit war er für seinen Sohn schon früh »gestorben«. Dies bedeutet, dass er den Vater als Identifikationsfigur verloren hatte. Die Brutalität und Härte, mit der er die Familie tyrannisierte, hatte dazu geführt, dass Herr S. sich von ihm abgewandt hatte. Mit seiner Mutter bildete er eine Notgemeinschaft gegen den Vater. Dies führte zu einer engen symbiotischen Beziehung, in der Herr S. einerseits von der Mutter verwöhnt wurde, er sich andererseits aber auch verantwortlich fühlte für die Mutter, die so sehr unter der Unberechenbarkeit des Vaters litt. Er war für sie da und unterstützte sie. Die Mutter allein zu lassen war für Herrn S. mit großen Schuldgefühlen verbunden.

Wer sich mit der Biografie von Elvis Presley beschäftigt, erkennt leicht auch bei ihm die abhängige Persönlichkeitsstruktur. Er war zeitlebens auf seine Mutter fixiert und trotz seines gewaltigen Erfolgs ein zutiefst gestörter und abhängiger Mensch.

Nesthocker

Es kommen immer wieder Patienten in Therapie, die niemals wirklich versucht haben, sich gegen die Dominanz und Autorität eines Elternteils zu wehren. Sie haben sich mit ihrem Schicksal abgefunden und leben in der festen Überzeugung, Mutter oder Vater nie verlassen zu können. Außer dem üblichen Kleinkrieg um Nichtigkeiten, den es eventuell noch gibt und der zum Ritual der Abhängigkeit gehört, ist der Käfig äußerst stabil.

Oft ist der Leidensdruck dieser Patienten nicht sehr stark. Sie wollen nur die positive Seite ihrer Abhängigkeit sehen, etwa eine optimale Versorgung mit gutem Essen, gebügelter Wäsche und einem aufgeräumten und geputzten Zimmer sowie finanzielle Vorteile. *Ich lebe doch gut, wie im Schlaraffenland, ich brauche mich um nichts zu sorgen,* so ihre Aussage. Allein die Suchtkrankheit, die *Abhängigkeitskrankheit,* an der sie erkrankten, weist unmissverständlich darauf hin, dass dieses Leben nicht wirklich zufrieden stellend verläuft und so nicht lebenswert sein kann. Viele dieser Patienten entwickelten zusätzlich noch eine Essstörung, die zu extremem Über- bzw. Untergewicht (wird nach Fressattacken regelmäßig erbrochen, entwickelt sich eine Ess-Brech-Sucht, eine sog. Bulimie) führte. Essen ist in diesen Fällen Ersatz und Ausgleich für unerfüllte Sexualität. Ein Teufelskreis: das oft extreme Übergewicht macht sie für potenzielle Partner unattraktiv. Auch Alkohol oder Drogen werden gegen innere Unzufriedenheit und tiefe Wut eingesetzt. Unschwer ist das *Gänsemagd-Syndrom* zu erkennen. In der vollkommenen Abhängigkeit von den Eltern bleiben vor allem die Bedürfnisse nach Partnerschaft häufig unerfüllt. Eventuell kommt es unter der Oberaufsicht von Eltern oder Schwiegereltern zu einer »Kinderehe«. Wirkliche Eigenständigkeit wird weder zugestanden noch erkämpft.

In unserer Klinik werden Patienten zu Beginn der Behandlung aufgefordert, ihre Lebensgeschichte aufzuschreiben. Frau K. formuliert den ersten Satz: *Ich hatte eine wunderbare Kindheit, ich wurde sehr verwöhnt.*

Wie sehr gerade Verwöhnung und mangelnde Konsequenz sie in ihrem weiteren Leben in größte Schwierigkeiten gebracht hatten, wollte sie zunächst nicht verstehen. Sie idealisierte ihre Mutter, die sie mit »Liebe« überschütte. Erst bei der genaueren Untersuchung der Lebensumstände wurde auch die Dominanz der Mutter transparenter. Sie hatte alle lebensbestimmenden Entscheidungen getroffen, sei es Berufswahl, Kleidung, Wahl des Wohnortes usw. Lediglich die Wahl des Partners war von Frau K. gegen den Willen der Mutter vorgenommen worden. Zwei Ehen scheiterten, was zur Folge hatte, dass die Mutter sich jeweils in der Einschätzung bestärkt sah, dass Frau K. allein nicht zurechtkam. Dies verstärkte das Bemühen der Mutter, sich in die Angelegenheiten der Tochter einzumischen.

Im weiteren Verlauf der Behandlung konnte sie ihr persönliches Drama wesentlich besser verstehen. Es war ihr nicht gelungen, eine befriedigende Partnerschaft zu führen, weil sie in den verschiedenen Beziehungen bemüht war, alles zu tun, damit ihre Partner zufrieden waren. Immer wieder stellte sie ihre eigenen Bedürfnisse zurück – genauso, wie sie dies bereits immer in der Beziehung zu ihrer Mutter getan hatte. So war sie extrem verletzt und enttäuscht, dass sie bald nach der Eheschließung betrogen wurde.

Während der Therapie wurde ihr bewusst, dass sie immer wieder Partner wählte, die selbstbezogen und egoistisch die eigenen Bedürfnisse in den Vordergrund stellten (so wie ihre Mutter dies immer tat). Weiterhin wurde ihr deutlich, dass sie sich, ohne dies zu wollen, selbst entwertet hatte, indem sie viel zu lange ertrug, betrogen zu werden. Mit ihrem wenig selbstbewussten Verhalten signalisierte sie dem Partner geradezu, dass »man es mit ihr machen kann«. Ihre Unfähigkeit, sich angemessen zu wehren, und ihr übersteigertes Harmoniebedürfnis ließ sie das Unerträgliche ertragen. Letztlich war nicht sie es, die die Beziehungen beendete, sondern immer der Partner. Sie suchte die Schuld für ihre gescheiterten Beziehungen bei sich selbst und pendelte zwischen Selbstvorwürfen und Hass auf den untreuen Partner.

Ich kann es ihr nie recht machen …

So klagt eine junge Frau, die immer noch unter der Dominanz der Mutter leidet. Das Bedürfnis, von den Eltern akzeptiert und anerkannt zu sein, ist für jedes Kind normal. Zur emotionalen Falle wird dieses Bedürfnis jedoch, wenn Erwachsene immer noch hinter der Anerkennung der Mutter oder des Vaters »herlaufen«. Hier besteht eine Abhängigkeit von der Meinung der Eltern oder eines Elternteils, die das Selbstwertgefühl immer noch bestimmen.

Der Satz »Ich kann es ihr nie recht machen« steht im Falle von Frau Z., die diesen Satz ausspricht, für eine umfassende Abhängigkeitsdynamik. Immer schon war die Mutter unzufrieden mit sich selbst und mit ihrem Leben. Insbesondere fühlte sie sich vom Leben betrogen, weil der Vater von Frau Z. sie nicht geheiratet hatte, als sie schwanger wurde. Ersatzweise hatte sie einen anderen Mann geheiratet, der ihr zwar materielle Sicherheit geboten hatte, den sie aber nicht liebte. Ihre Unzufriedenheit projizierte sie nicht zuletzt auf die Tochter, die auf diese Weise schon früh lernte, dass sie unzulänglich und minderwertig sei. Frau Z. erlebte ein Wechselbad der Gefühle. Immer hatte sie sich bemüht, die Mutter gnädiger zu stimmen, indem sie sich anpasste und versuchte, es ihr recht zu machen. Selten gelang ihr dies wirklich. Die Mutter hatte große Macht über ihre Tochter und manipulierte sie nach Belieben.

Frau Z. litt unter Schuldgefühlen und fühlte sich als Versagerin. Die Mutter hatte wie ein böser Schatten das Lebensgefühl entscheidend geprägt. Ständig wirkte ihre Unzufriedenheit im Hintergrund – natürlich auch dann, wenn Frau Z. keinen Kontakt mit ihr hatte. Ihre Gedanken waren depressiv und negativ, wenn sie an ihre Mutter dachte. Auch als erwachsene Frau hatte sie Angst vor den aggressiven Attacken der Mutter. Sie fühlte sich ihr hoffnungslos unterlegen und ausgeliefert, schaffte es aber auch nicht, den Kontakt zur Mutter abzubrechen.

In der Geschichte von Frau Z., die in dieser und ähnlicher Weise leider viel zu häufig zu beobachten ist, erkennen wir deutliche Parallelen zum Märchen. Die Kammerjungfer müssen wir, wie schon erwähnt, als etwas ansehen, das die Mutter ihr mitgegeben hat. Sie wird die spätere *Gänsemagd* auf Schritt und Tritt begleiten und ihr das Leben schwer machen. Wenn wir fragen, was die Kammerjungfer verkörpert, dann gilt es zu verstehen, dass sie die andere Seite der Mutter verkörpert, ihre »dunkle Seite«. Diese dunkle Seite der Mutter hat extrem negative Auswirkungen, führt in die Unterdrückung und Abhängigkeit, bringt sie um Glück und Zufriedenheit und verschleiert letztlich die wahre Identität.

Es hatte den Anschein, als wollte die Mutter ihrer Tochter etwas Gutes tun, als sie ihr die Kammerjungfer mit auf den Weg gab, den wir als Lebensweg verstehen müssen. Frau Z., der es nicht gelungen war, sich emotional von ihrer Mutter zu lösen, nimmt sie wie eine Bürde, wie diese Kammerjungfer mit in ihr eigenes Leben.

Die typischen Ängste der Gänsemagd

Die Ängste der *Gänsemagd* sind in erster Linie soziale Ängste. Sie hat Angst vor dem Leben und fühlt sich den Anforderungen mitunter nicht gewachsen.

Die Angst vor de/r/m autoritären Mutter/Vater wird »generalisiert«, d. h., die Angst wird auf alle Personen übertragen, die in einer Vorgesetzten- oder vermeintlich vorgesetzten Rolle sind, z. B. auf den Chef, auf dominante Mitarbeiter, auf die Schwiegermutter etc.

Phobie nennt man die unrealistischen Ängste, vor ungefährlichen Dingen, wie etwa vor Spinnen (die so genannte Spinnenphobie). Auch in sozialen Situationen können Phobien existieren, etwa eine übertriebene Angst, angeschrien zu werden, verlassen zu werden, allein nicht zurechtzukommen, und vieles mehr.

Die schwache Persönlichkeit ist anfällig für Panikanfälle oder andere Angststörungen. Typisch für Menschen mit dem *Gänsemagd-Syndrom* sind »Erwartungsängste«. Sie malen sich alle möglichen Gefahren und Schwierigkeiten aus, deren Eintreten sehr unwahrscheinlich ist.

Eine weitere typische Angst besteht darin, andere nicht zu verletzen. Sie entwickelt sich aus der übergroßen Fürsorge für andere. Schuldig könnte sie werden, wenn sie anderen Leid zufügt. Leicht stellen sich Skrupel ein, weil etwas Unpassendes gesagt wurde, eine Kritik zu stark war. Diese Schuldangst bestimmt das Handeln maßgeblich, da viele Situationen vermieden werden, die zu Schuldgefühlen führen könnten. Viele Ängste werden durch Konfliktvermeiden aufrecht erhalten. Dies wird im Folgenden untersucht:

Konfliktvermeiden

Wir erlauben uns, wenige Minuten am inneren Gespräch, das Frau D. mit sich selbst führt, teilzunehmen:

… wenn er (Chef) gleich ins Zimmer kommt, dann sage ich ihm, dass ich heute keine Überstunden machen werde. Ich finde, es ist eine Unverschämtheit, wie selbstverständlich er davon ausgeht, dass ich jeden Abend länger bleibe. Heute sage ich, dass das nicht geht. Ich werde ihm sagen, dass ich zum Arzt muss – oder einen wichtigen Termin habe – was, das geht ihn nichts an …, aber wenn er fragt, was ich habe, was sage ich dann? Egal, ich sage, dass ich zum Arzt muss.

Der Vorgesetzte betritt das Zimmer und bittet Frau D., eine Information für ihn einzuholen, danach verlässt er das Sekretariat – ohne dass Frau D. ihr Ansinnen, am heutigen Tag keine Überstunden machen zu wollen, zur Sprache bringt. Ihr innerer Dialog:

Mist, ich habe schon wieder nichts gesagt, ich könnte vor Wut platzen. Ich muss zwar nicht zum Arzt, aber ich habe keine Lust, schon wieder länger zu bleiben. Mit Frau K. (Kollegin aus der Nachbarabteilung) macht er so was nicht. Die geht immer pünktlich nach Hause. Bei mir weiß er, dass er es mit mir machen kann. Morgen werde ich einfach krankfeiern, dann wird er schon merken, dass er mich so nicht behandeln kann …

Natürlich ist Frau D. am nächsten Morgen wieder zur Stelle. Aus dem Geschilderten geht hervor, dass sie viel zu sehr versucht, den Erwartungen ihres Vorgesetzten nachzukommen. Ihre eigenen Bedürfnisse bleiben auf der Strecke. Folgenschwer ist auch ihre Selbstabwertung: *… ich habe schon wieder nichts gesagt.* Sie verurteilt sich und weiß, dass sie schon wieder versagt hat. Sie richtet die Wut gegen sich selbst. Sie zerstört so das ohnehin schwache Selbstwertgefühl noch mehr. Damit ist die Wahrscheinlichkeit gewachsen, dass sie bei der nächsten Gelegenheit wieder schweigen und ihre Bedürfnisse nicht anmelden wird!

Wir können den Vorgang als *Konfliktvermeiden* auffassen. Frau D. fürchtet sich vor der Reaktion ihres Chefs, der in ihrer Fantasie ablehnend reagieren könnte, und vermeidet diesen Konflikt.

Wer die schädliche Wirkung von Konfliktvermeiden auf das gesamte Lebensgefühl verstanden hat, wird die Notwendigkeit der Bearbeitung dieses Problems erkennen. Zunächst wollen wir den Vorgang des Konfliktvermeidens genauer untersuchen. Stellen wir die Lupe schärfer, dann erkennen wir, dass es auch eine Erleichterung für Frau D. bedeutet, ihr Anliegen, pünktlich nach Hause zu kommen, nicht anzusprechen. Sie hat weniger Angst, und sie muss am nächsten Tag nicht mit einem vielleicht noch verstimmten Chef rechnen. Diese Erleichterung verstärkt das destruktive, selbstschädigende Verhalten.

Die kurze Erleichterung zu haben wird nämlich viele Nachteile zur Folge haben:

● *Berechtigte Bedürfnisse werden nicht angemeldet.*
So wie Frau D. sicher das berechtigte Bedürfnis hat, nicht immer wieder Überstunden machen zu müssen und wie andere Kollegen pünktlich nach Hause zu kommen, werden angemessene Forderungen nicht gestellt. Vor allem »Nein sagen«, wenn dies notwendig wäre, wird vermieden. Echte Nachteile sind die Folge.

● *Wichtige Dinge werden (wenn sie unangenehm sind) aufgeschoben:*
wie Telefonate führen, Briefe beantworten, Widerspruch einlegen. Eventuell unangenehme Tätigkeiten werden aufgeschoben und schließlich nicht erledigt. Auch hier sind auf Dauer Nachteile zu erwarten, und die Probleme werden immer größer.

Wesentliche Persönlichkeitsmerkmale werden durch Konfliktvermeiden geschwächt: inbesondere die Fähigkeit, sich angemessen zu wehren, Standpunkte zu vertreten, berechtigte Bedürfnisse durchzusetzen und unangemessene Forderungen an die eigene Person zurückzuweisen.

- *Da die Übung fehlt, wird eine Situation nicht angemessen bewältigt, oder man hat Angst davor, diese Situation nicht genügend souverän bewältigen zu können.*

Vieles will geübt werden, auch das Lösen von Konflikten. Wie leicht viele Probleme lösbar sind, weiß nur der, der sich energisch um Lösungen bemüht. Oft geht es darum, Gespräche zu führen und die richtige Unterstützung zu suchen, eventuell auch kleine Schritte zu wagen (was immer besser ist, als den Konflikt zu vermeiden).

- *Soziale Ängste entstehen und führen zu Rückzug und Isolation.*

Konfliktvermeiden verstärkt die innere Unsicherheit und fördert Ängste im Kontakt zu anderen Menschen. Auf diese Weise wird Kontakt anstrengend und folglich vermieden.

- *Konfliktvermeiden führt zur Selbstabwertung und dadurch zu schlechter Stimmung und depressiven Gefühlen.*

Wer Konflikten ausweicht, macht sich deshalb oft Selbstvorwürfe. Gedanklich macht er sich nieder, etwa nach dem Motto: *Ich bin ein Versager; wieder habe ich nichts gesagt, obwohl ich etwas hätte sagen sollen; oder schon wieder habe ich meinen Vorsatz nicht ausgeführt etc.* Diese Gedanken wirken unmittelbar auf die Stimmung und beeinflussen diese nachteilig. Der Groll auf sich selbst verursacht Selbsthass. Ständige Selbstabwertung führt in eine Depression. Betroffenen gelingt es kaum oder nicht, sich aus dunklen Stimmungen zu befreien.

- *Konfliktvermeiden führt in einen typischen Teufelskreis, der sich selbst erhält.*

Da Ich-Stärke (d. h. die Fähigkeit, die eigene Person zum Ausdruck zu bringen) immer weiter abgebaut wird, fällt es immer schwerer, Konflikte zu bewältigen. Damit wird verstärktes Konfliktvermeiden wahrscheinlicher mit allen negativen Folgen.

● *Andere Menschen spüren intuitiv, dass sie jemanden vor sich haben, der mit schwachem Selbstvertrauen nicht in der Lage ist, sich zu wehren und sich nicht genügend abgrenzen kann, den man nach Belieben ausbeuten und fordern kann.*

Jeder wird von den Mitmenschen eingeschätzt, etwa nach der Maxime, *bin ich meinem Gegenüber unterlegen oder überlegen.* Jeder kennt diesen Vorgang bei sich selbst. Typische Konfliktvermeider sind bei ihren Zeitgenossen beliebt, da man mit ihnen die Erfahrung gemacht hat, dass sie nicht nein sagen, dass man ihnen auch die ungeliebten Arbeiten zumuten kann und dass sie wenig zurückfordern für geleistete Arbeit. Sie lassen sich halt ausnutzen.

● *Konfliktvermeiden führt nicht selten zu Suchtkrankheiten.*

Statt den Konflikt zu lösen, wird z. B. Alkohol konsumiert, um die schlechte Stimmung zu verbessern. Werden die chronischen Minderwertigkeitsgefühle immer wieder mit Suchtmitteln bekämpft, ist die Wahrscheinlichkeit groß, dass eine Suchtkrankheit entsteht. Verstärkter Alkoholkonsum schwächt die Psyche und begünstigt somit Konfliktvermeiden. Hier ist ein weiterer Teufelskreis zu erkennen.

● *Konfliktvermeiden führt nicht selten zu psychosomatischen Krankheiten und psychischen Störungen.*

Konfliktvermeider »fressen« oft ihre Ärgergefühle in sich hinein. Sie sind unglücklich und entwickeln daher nicht selten Angststörungen oder leiden an depressiven Erkrankungen.

● *Konfliktvermeider sind nicht selten Mobbing-Opfer, da sie sich, ohne dies zu wollen, dafür anbieten, dass andere ihre Unzufriedenheit mit sich selbst an ihnen auslassen.*

Wir kennen typische Konfliktvermeider, die sich damit abgefunden haben, dass ihr Leben grau, mühsam und wenig erfolgreich ist. Demgegenüber kennen wir sozial kompetente Menschen, die sich dadurch auszeichnen, dass sie Konflikte bewältigen können. Letztere sind erfolgreicher, weil sie auf die meisten Konflikte zugehen, die sich ihnen in den Weg stellen. Da sie dies üben (indem sie es immer wieder tun) verstärkt sich das konstruktive Verhalten. Sie finden Erleichterung darin, dass sie den Konflikt bewältigten oder dies zumindest versucht haben. Sie fühlen sich sicher, haben daher weniger Angst und neigen kaum oder selten zur Selbstabwertung. Der frühere Bundeskanzler Helmut Schmidt war als Staatsmann weltweit hoch geschätzt – und dies nicht selten auch bei politischen Gegnern. Eine Eigenschaft zeichnet ihn vor allem aus: sein unbedingter Wille, jeden Konflikt sofort anzugehen und nach einer optimalen Lösung zu suchen.

Kommen wir noch einmal auf Frau D. zurück, die als typische Konfliktvermeiderin ihrem Vorgesetzten mit viel zu großem Respekt begegnet. Ihre übergroße Angst vor Zurückweisung und Kritik ist eine Spur, die sich wie ein roter Faden in die Kindheit zurückverfolgen lässt. Ihrer dominanten Mutter hatte sie nie wirklich ihre wahre Meinung sagen können. Sie hatte immer Angst vor scharfer Zurückweisung oder Tadel durch die Mutter. Die Mutter forderte auch noch Gehorsam, als Frau D. längst erwachsen war. Damit ist sicher, dass das konfliktvermeidende Verhalten Wurzeln in der Kindheit hat. Dies bedeutet, dass es Frau D. eher schwer fallen wird, ihr Verhalten zu ändern. Je früher bestimmte Verhaltensweisen erworben wurden, desto schwieriger wird oft eine Veränderung sein. Frau D., die sich in der Rolle der *Gänsemagd* wiederfand, lernte innerhalb der therapeutischen Gemeinschaft, schrittweise auf alltägliche Konflikte zuzugehen. Sie lernte, sich damit einen »Kick« zu verschaffen, dass sie auf Ängste und Konflikte zuging. Dadurch wurde auch das Gespräch, das sie im Inneren mit sich selbst führte, wesentlich freundlicher – sie lobte sich für ihren Mut.

Die soziale Welt der Gänsemagd

Die Opferidentität der *Gänsemagd* wirkt sich oft auf die berufliche Welt aus. Typischerweise suchen solche Menschen oft soziale Berufe, wo sie helfen und pflegen können. So werden sie Krankenschwester, Altenpfleger, Sozialarbeiter usw. Auch die Mitgliedschaft in einem Orden oder in einem Kloster kann durch eine abhängige Persönlichkeitsstörung motiviert sein. In der ersten Reihe fühlen sie sich meist nicht wohl, eher in der Rolle der Sekretärin, die sich für die Bedürfnisse ihres Chefs aufopfert. Hier gewinnen sie nicht selten auch Macht und Einfluss, da sie sich in der Nähe der Entscheidungsträger aufhalten.

Menschen mit einer abhängigen Persönlichkeitsstruktur zeigen extremen Einsatz und lassen sich typischerweise leicht missbrauchen und manipulieren. Als Mitarbeiter sind sie meist beliebt, da sie auch zu den unangenehmen Arbeiten leicht herangezogen werden können oder diese auch von selbst übernehmen. Dies tun sie auch in Vereinen und Verbänden, in der Nachbarschaft, bei Freunden und Bekannten.

Irgendwann kommt die Quittung für die Ausbeutung, die sie mit sich selbst und andere mit ihnen betrieben haben: Der Mensch mit dem *Gänsemagd-Syndrom* wird krank, manchmal ernsthaft und fällt dann längere Zeit aus. Überlastungs-Syndrome, psychische Erkrankungen wie Angststörungen und Depressionen, Suchtkrankheiten und psychosomatische Störungen sind die Folge. Störungen und Krankheiten stürzen sie in tiefe Verzweiflung und erzeugen den starken Wunsch, möglichst schnell in die Arbeit und Leistung zurückzukehren. Selten erkennen sie, dass es besser wäre, ihr Problem tiefer zu verstehen und aus den Symptomen die wahren Botschaften der Seele »herauszulesen« und an der Erlösung aus dem *Gänsemagd-Syndrom* zu arbeiten. Jedes psychische Symptom trägt eine Botschaft in sich, die verstanden werden will. Die Seele kann, da sie nicht spricht, keine direkten Mitteilungen machen. Sie produziert Symptome, damit wir aufwachen und letztlich glücklicher werden.

3. Teil
Die Heilung

Der Weg, den die *Gänsemagd* im Märchen geht, ist der Leitfaden für ihre Heilung. Die Therapie der abhängigen Persönlichkeitsstörung spiegelt sich in den Bildern, die zur Richtschnur für die Befreiung aus destruktiven Abhängigkeiten werden.

Der alte König

Wo ist jemand, der in Menschen, die in der *Gänsemagd-Rolle* leben, die Königstochter oder den Königssohn erkennt, wie dies der alte König tat – so möchte man fragen: jemand, der das tiefe Leid versteht und erkennt, dass es sich nicht so leicht auflösen lässt? Müsste die *Gänsemagd* sich nicht selbst mit den Augen des alten Königs anschauen? Müsste sich nicht jeder Mensch mit diesen verstehenden Augen anschauen? Würde die *Gänsemagd* dies tun, würde sie erkennen, dass sie wirklich eine Prinzessin ist und keine minderwertige *Gänsemagd*. Darin liegt das Geheimnis: Menschen glauben viel eher und sicherer an ihre Minderwertigkeit als an ihre Königswürde. Die Heilung erfolgt genau dann, wenn dies verstanden wird – und dies zu einer neuen Lebenswirklichkeit führt.

Mein Leben lang kämpfe ich gegen meine Minderwertigkeitsgefühle an. Oft habe ich mir genau die herausgesucht, die besonders stark und mächtig waren, die mich besonders runterzogen, die bei mir die größten Ängste auslösten. Oft habe ich verloren, oft habe ich gewonnen, aber letztlich ist mein Minderwertigkeitsgefühl geblieben. Ich bin nicht wirklich anders geworden!

Frau S., die dies formulierte, war verzweifelt, weil sie so fest an ihre Minderwertigkeit glaubte. Ihr Therapeut stellte klar, dass sie nicht minderwertig sei. Gerade der Versuch, gegen ihre Minderwertigkeit anzukämpfen, hatte diese umso stärker werden lassen.

Menschen spüren ihre Minderwertigkeitsgefühle, wenn sie verlieren, und sie spüren sie kurioserweise auch, wenn sie gewinnen. Wenn sie gewinnen, spüren sie sie indirekt, nämlich daran, dass sie Erfolge nicht genießen können. Sie können sie z. B. nicht genießen, weil sie befürchten, dass andere ihnen diesen Erfolg missgönnen – und sie spüren, dass sich das Minderwertigkeitsgefühl nicht – wie ersehnt – auflöst. Es bleibt und treibt zu noch größeren Taten. Jemand, der Minderwertigkeitsgefühle nicht kennt, hat nichts, wogegen er ankämpfen muss. Hemmungen, Unsicherheit und Selbstzweifel lassen sich mit Kampf nicht auflösen. Alles, was wir bekämpfen, wird, ohne dass wir dies wollen, verstärkt.

Der alte König verkörpert das göttliche Prinzip. Gott liebt dich, du bist wertvoll, nicht minderwertig, so die zentrale Botschaft Jesu, der vor allem von den Armen, Schwachen und angeblich Minderwertigen verstanden wurde.

So will auch das Märchen verstanden werden: Jeder Mensch ist eine Königstochter oder ein Königssohn. Wer daran glaubt, dass er *nur* eine *Gänsemagd* ist, kann seine Minderwertigkeitsgefühle niemals verlieren, so sehr er sich auch bemüht. Dies ist die Grundlage aller Veränderung. Der Glaube ist die stärkste Kraft im Menschen!

Der Weg zum Schloss an die Seite des Königssohns beschreibt den Weg in die Unabhängigkeit. Der König ist in seinem Reich die einzige unabhängige Persönlichkeit. Alle anderen sind abhängig und auf seine Gunst angewiesen. So symbolisieren König und Königin Unabhängigkeit und Freiheit.

Selbstverständlich wird es eine äußere Unabhängigkeit nie geben, da auch die Mächtigsten auf andere angewiesen sind. Es geht um innere Unabhängigkeit, um das innere Königtum. Allein hier kann ein Mensch sich völlig frei und souverän fühlen. Vieles von dieser inneren Freiheit wird nach außen abstrahlen und sichtbar werden. Nur ein Mensch, der sich selbst lebt und liebt, kann glücklich werden.

Die Wurzeln der Minderwertigkeitsgefühle und Schwäche sind in der »verbogenen« Persönlichkeit zu suchen, in der Unfähigkeit, echt und man selbst zu sein. Erich Fromm, der bekannte Psychoanalytiker, formulierte: »*Ob wir uns dessen bewusst sind oder nicht, es gibt nichts, dessen wir uns mehr schämen, als nicht wir selbst zu sein, und es gibt nichts, was uns stolzer und glücklicher macht, als zu denken, zu fühlen und zu sagen, was wirklich unser Eigentum ist.*«[4]

Die zentrale Aufgabe ist die Auflösung der Minderwertigkeitsgefühle. Wie wird aus einer *Gänsemagd* eine Königstochter? Es wird darum gehen, das rückgängig zu machen, was sich so unheilvoll entwickeln musste.

Was es bedeutet, in den Eisenofen zu müssen

Wenn ich dieses Märchen mit Patienten bespreche, frage ich an dieser Stelle nach dem Eisenofen und was er symbolisiert. Meistens kommt bald die Antwort: Der Eisenofen ist die Fachklinik. Während der Therapie befindet man sich an einem Ort, der schützt, der Sicherheit gibt, und an dem man alles sagen darf. Im Eisenofen soll ein Transformationsprozess stattfinden, der von der Rolle der *Gänsemagd* befreit.

Wir sehen, dass die Königstochter viel zu sehr unter einer Sprachblockade leidet. Sie darf nicht sagen, wer und was sie ist. Sie bleibt stumm und erträgt ihr Schicksal. Sie vermisst die Unbefangenheit eines Konrädchens, der frei ist und macht, was er will. Sie selbst fühlt sich im Gefängnis, und man möchte fragen, warum sie nicht endlich sagt, wie die Dinge wirklich sind. Offensichtlich hat sie doch alle Voraussetzungen, um als Prinzessin akzeptiert zu werden. Der alte König hat die wahren Zusammenhänge doch längst erkannt. Sie jedoch ist in ihrer eigensten Sache, die der Entfaltung ihrer Persönlichkeit, wie gelähmt. Sie ist doch aufgefordert, endlich zu sagen und zu sein, wer sie wirklich ist – darin läge die Heilung!

Wir erkannten ihr Schweigen bereits als Folge des emotionalen Missbrauchs. Abhängigkeit, die besteht, solange die Prinzessin sich erinnern kann, gehört zu ihrem Weltbild. So ist es eben! Sie ist und bleibt auf die Mutter fixiert und kann nicht erkennen, wie sie sich lösen könnte. Schlimmer: Sie kann nicht glauben, dass es ihre Pflicht ist, sich zu lösen und sie selbst zu werden.

Frühe Prägungen zeigen nachhaltige Folgen: Wir sahen, dass die *Gänsemagd* einen furchtbaren Eid schwören musste. Ihr wurde vermittelt, dass sie umgebracht würde, wenn sie sich wehren und etwas sagen würde. Wir erkannten, dass die Kammerjungfer die negativen Seiten der Mutter verkörpert. Es war das Verbrechen der Kammerjungfer, das die Königstochter um ihr Glück brachte. Dieses Verbrechen darf nicht aufgedeckt werden.

Kleine Kinder sind ja tatsächlich in elementarer Weise auf die Eltern angewiesen. Der Verlust der Eltern ist eine Urangst. Urvertrauen entsteht, wenn Eltern ihrem Kind die Sicherheit vermitteln können, dass es erwünscht und geborgen ist. Wenn dieses Urvertrauen nicht vermittelt werden kann, entsteht eine Form der Abhängigkeit. Menschen mit fehlendem Urvertrauen suchen lebenslänglich nach innerem Halt, den sie jedoch in sich selbst nicht finden. Fehlendes Urvertrauen führt nicht selten zu einem inneren Chaos. Wenn die Symbiose zwischen Mutter und Säugling nicht in ausreichender Weise stattgefunden hat, kann es zur Entwicklung einer Borderline-Störung kommen.[5]

Um zu überleben, benötigen Kinder die Eltern. Sie werden alles tun, wenn es darum geht, ihnen zu helfen,

Selbst viele Erwachsene befürchten, die Eltern zu verlieren. Besonders Menschen mit einer Abhängigkeitsproblematik leiden unter dem Gefühl, ohne die Eltern nicht leben zu können, da ihnen dies auf nachhaltige Weise eingeprägt wurde. Das ändert sich erst in dem Moment, wenn ein anderer an die Stelle der Eltern getreten ist und Verantwortung für den Abhängigen übernimmt – wenn also eine neue Abhängigkeit entstanden ist.

Als meine Mutter starb, dachte ich, dass die Welt zusammenbricht.

Frau I., die diesen Satz äußert, war sich zunächst der Abhängigkeit nicht bewusst, in der sie zu ihrer Mutter stand. Auch nach dem Tode der Mutter dachte sie ständig daran, wie man den Tod der Mutter hätte verhindern können, welches Krankenhaus das richtigere gewesen wäre, welcher Spezialist das Leben hätte retten können. Ihre Unfähigkeit, sich mit dem Ableben der Mutter abfinden zu können, war in der Therapie der Anlass, die Abhängigkeitsdynamik zu untersuchen.

Viele Menschen übernehmen Wertsysteme und Meinungen der Eltern, ohne diese jemals zu hinterfragen. Menschen mit einer abhängigen Persönlichkeitsstruktur vertreten in nahezu allen Lebensbereichen die Meinung der Eltern. Dies betrifft sowohl moralische Vorstellungen, etwa zur Sexualität, politische Überzeugungen und viele weitere Haltungen. Man hat das Gefühl, dass solche Menschen nicht selbst sprechen, sondern sich aus ihrem Mund etwa die dominante Mutter zu Wort meldet. Betroffene selbst glauben, dass sie ihre eigene Überzeugung äußern, ohne zu bemerken, dass sie noch viel zu sehr in den übernommenen Meinungen der Eltern verhaftet sind und diese leben und fühlen.

Die Abhängigkeit etwa von der Meinung der Mutter ist besonders dann von großem Nachteil, wenn diese die Tochter (den Sohn) abwertet, demütigt, diffamiert oder beschämt. Die Mutter kann die Stimmung nach Belieben beeinflussen. Mitunter ist die Einwirkung so extrem, dass Betroffene keine Fähigkeiten besitzen, sich abzugrenzen. Hier ist das Bild vom Eisenofen hilfreich, insofern Betroffene sich vorstellen, in diesen Eisenofen zu gehen, mit dem Vorsatz, sich jeglicher Beeinflussung zu entziehen. Die stählernen Wände des Ofens lassen alle äußeren Einflüsse zurückprallen. In der Realität ist es für diese Menschen erforderlich, den Kontakt zu den dominanten Eltern einzustellen. Mithilfe etwa einer therapeutischen Gemeinschaft gilt es, all die Fähigkeiten zu erwerben, die bis dahin unterentwickelt blieben. Manchmal akzeptiert es die abhängige Mutter nicht, keinen Kontakt haben zu dürfen, sie schimpft auf die Institution, die an ihrem »Kind« eine Gehirnwäsche vornehme.

Aus dem bisher Geschilderten wird deutlich, dass es sich *im Eisenofen* um einen Prozess handeln muss, der neues Leben ermöglicht. Die Befreiung aus destruktiven Abhängigkeiten ist für Menschen, die bis dahin in diesem Gefängnis leben mussten, extrem schwierig. Vor allem ist sie mit Angst verbunden, dabei ist die große Angst vor der Unabhängigkeit das größte Problem. Die Alternative ist das bequeme Elend der *Gänsemagd,* die nichts weiter als klagen kann und eine Rettung immer wieder nur darin erkennt, sich an die Mutter zu klammern oder an andere Menschen, von denen sie emotional abhängig ist.

Der Eisenofen dient der Abgrenzung gegen unberechtigte Forderungen und Verletzungen. Er ist das Symbol für eine Eigenständigkeit, die bis dahin unterentwickelt bleiben musste und die es zu erwerben gilt. Werden die persönlichen Grenzen von Menschen früh und immer wieder verletzt, hat dies zur Folge, dass sie sich anderen viel zu sehr ausgeliefert fühlen. Sie trauen sich weder, sich zu wehren, noch eigene Standpunkte durchzusetzen. Auch die Fähigkeit, sich von der Meinung anderer unabhängig zu machen, ist unterentwickelt. Kritik wird daher stark und als vernichtend erlebt. Sie kann für solche Menschen existenzielle Bedeutung erlangen. *Manchmal trifft er mich bis ins Mark,* sagt eine Patientin in einer Therapiestunde, in der sie über ihre schwierige Partnerschaft spricht. *Wenn er mich verletzt hat, benötige ich manchmal lange Zeit, bis ich mich wieder erholt habe. Mitunter dauert es mehrere Tage.* Die Angst vor Abwertung zeigt sich besonders, wenn der andere für überlegen gehalten wird, wenn man sich ihm/ihr nicht gewachsen fühlt, etwa wenn der andere als redegewandter oder geschickter in der Argumentation erlebt wird.

Der Eisenofen, in den man sich zurückziehen kann, der es ermöglicht, den verletzlichen inneren Kern in Sicherheit zu bringen, muss ein Bestandteil der Persönlichkeit werden. An den harten Eisenplatten müssen unberechtigte Forderungen abprallen. Jeder Mensch benötigt Instrumente, mit denen er sich angemessen zur Wehr setzt und verteidigt. Man wird ihn erst dann schätzen, wenn er sich auch wehren und seine berechtigten Interessen durchsetzen kann.

Wenn ein Mensch mit einer abhängigen Persönlichkeitsstruktur beginnt, sich zu verändern, wird er auf typische Widerstände stoßen. Seine Mitmenschen sind gewohnt, dass er sich opfert, anpasst, harmonisiert und nachgibt. Daher wird er zunächst den Eisenofen besonders benötigen. Erst wenn alle verstanden haben, dass hier jemand nicht mehr manipulierbar ist, kann der Eisenofen öfter verlassen werden.

Immer wieder ist zu betonen, dass kleine Schritte in die richtige Richtung den sichereren Weg ausmachen. Wer zu viel auf einmal will, überfordert sich und fällt leicht wieder in alte bekannte Verhaltensweisen zurück. So ist es auch notwendig, genügend lange im Eisenofen zu bleiben. Hier bietet sich der Vergleich mit einer stationären Therapie an. Innerhalb der therapeutischen Gemeinschaft müssen die neuen Verhaltensweisen und das neue Selbstwertgefühl genügend gefestigt werden, damit es möglich wird, dies auch nachher in der vertrauten realen Umgebung zu installieren. Eine echte Gefahr liegt darin, wieder in die destruktive Rolle der *Gänsemagd* zurückzufallen. Immer wieder ist zu erleben, dass PatientInnen, die innerhalb der Klinik eine positive Entwicklung zeigten, die neu erlernten Verhaltensweisen in der alten Umgebung wieder aufgaben.

Das eigene Drama erkennen

Zur Befreiung aus Abhängigkeit und Minderwertigkeitsgefühlen gehört es, alle Denksperren aufzuheben und die Dinge so sehen zu dürfen, wie sie sind. Es gilt, den emotionalen Missbrauch als ursächlich für die innere Unfreiheit zu erkennen.

Die neue Wahrheit, die im Grunde die alte ist, aber jetzt erst in aller Klarheit gesehen werden kann, will immer besser erarbeitet und gefestigt werden. Ein therapeutisches Instrument ist das Schreiben von Briefen, die nicht unbedingt abgeschickt werden sollen. Auf zunächst ungefährliche Weise soll die eigene Position vertreten werden. Ein Patient schrieb folgenden Brief:

Hallo Mutter!

Die Anrede ist bewusst gewählt, da ich nicht weiß, was ich wie schreiben werde. Ohne einen Anstoß in der Therapie hätte ich sicherlich nicht geschrieben, obwohl mir vieles seit Jahren/Jahrzehnten »wie rostige Nägel im Herzen steckt«. Absenden werde ich diesen Brief nicht. Nach einigen Gesprächen, die wir, von deiner Seite mehr widerwillig und verständnislos, wie ich den Eindruck hatte, führten, ist das sinnlos. Mir wird es helfen, den Gründen meines Trinkens, meines jetzigen Da-seins, auf die Spur zu kommen, sie zu erkennen und (vielleicht) damit weiter und anders leben zu können.

Ich habe seit Jahren das Gefühl, dass ich, zumindest in deinem Sinne, nicht normal bin. Ich fühlte und fühle mich immer noch »außer-mittig«, nicht in mir ruhend, erlebe mich ängstlich (vor Konflikten, Entscheidungen, dem Neuen, Ungewohnten – und ist das nicht das Leben?). Ich denke, deshalb habe ich letztlich getrunken, und wahrlich nicht zu knapp, das kann ich dir versichern. Die Einzelheiten möchte ich dir ersparen – warum eigentlich? Und immer wieder die bohrende, nagende, zerstörende (und verstörende) Frage: Warum? Am Tage, in wirklich zahllosen schlafgestörten Nächten, über Jahre! Ich brauchte zwei Therapien, Entgiftungen, den Verlust von Barbara, die berufliche Angst, um zu begreifen, dass die Ursachen weit zurückliegen, dass ich nach Verhaltensregeln lebte, die mir anerzogen (aufgezwungen) wurden und mir heute noch anhängen (und mich zurückziehen, dahin, wo ich nicht mehr sein möchte).

Ich habe dich nur als sehr dominant erlebt, allen Familienmitgliedern gegenüber (auch Vater). Alles musste und muss immer nach deiner »Tippeltappeltour« (wie verharmlosend!) gehen, andere (Wert-)Vorstellungen werden schlichtweg nicht zugelassen, verurteilt, negiert – und du bist auch noch stolz darauf. Damit hast du letztlich alle entmündigt (Vater sogar »hospitalisiert«) und erdrückt: »Ich meine es doch nur gut!« Du hast alle Register gezogen: Vorwürfe, Manipulation mit Schuld und ... Allein das könnte ein Roman werden – kannst du eigentlich verstehen, dass ich das nun satt habe, satt haben muss? Zerstörte Familienbeziehungen, Abkapselung, Unverständnis (sobald all das angesprochen wird) und vor allem: ja nichts in Frage stellen! Was mir geschah, nennt man hier emotionalen Missbrauch (ich sehe förmlich dein Zusammenzucken).

Dass es dir auch angetan wurde und du »nicht anders konntest«, das weiß ich. Das macht alles auch nicht besser, nicht schlechter, ist kein Vorwurf, sondern Feststellung (du wirst das anders sehen). Ich muss mein Leben leben, führen, lernen, selbst Entscheidungen zu treffen und nicht einer inneren (deiner) Stimme zu folgen (zu gehorchen: »Horch mal her ...« – wie ich diese Sprechblase hasse!) bzw. mich dagegen zu sträuben und zu lähmen. Es gibt verschiedene Abhängigkeiten, und sie schaden mir körperlich, damit ist nun Schluss. Ich hoffe, dass ich dann Chancen für mich sehen werde und sie leben kann, aber jeder Anfang ist besser als das Jetzt! Falls du es kannst, versuche, mich zu verstehen – wenn nicht, ist es auch gut, oder schlecht, oder egal? Ich kann so jedenfalls nicht mehr, also muss und wird es anders gehen.

Den Wiederholungszwang erkennen

Es ist eine Tatsache, dass Menschen ihr Kindheitsdrama zu wiederholen pflegen. Ohne zu wollen und ohne dass wir uns dessen bewusst wären, wiederholen wir dieses Drama als Erwachsene auf einer anderen Bühne, lediglich mit anderen Schauspielern, jedoch mit dem gleichen Thema. Das Drama verschärft sich meist, und das emotionale Leid wird größer. Psychosomatische Krankheiten oder Suchtkrankheiten weisen oft auf Probleme hin, die wir nicht sehen wollen. Zur Bewältigung der Schwierigkeiten gehört, dass jeder sein persönliches Drama verstehen lernt. In einer Therapie kann es erarbeitet und betrauert werden.

Betrachten wir unser Leben mit Abstand, können wir erkennen, dass schon früh eine Liebesgeschichte inszeniert wurde. Es ist sowohl die Liebesgeschichte zwischen Mutter und Kind als auch zwischen Vater und Kind. Dass diese Liebesgeschichte nicht immer glücklich verläuft, wird im Märchen *Die Gänsemagd* beispielhaft beschrieben. Viele Eltern sind nicht in der Lage, ihr Kind anzunehmen, es zu lieben und schließlich loszulassen. Sie missbrauchen es für ihre egoistischen Zwecke. Wie wir erkennen konnten, führt Missbrauch in eine Abhängigkeit. Die unbedingte Liebe der Eltern erhalten zu haben ist ein tiefes Bedürfnis jedes Menschen und für eine gesunde Entwicklung unerlässlich. Unerledigte Probleme und Konflikte wollen bewältigt werden, emotionale Wunden wollen heilen. Wenn dies in der Beziehung zu den Eltern nicht glücken konnte, suchen Betroffene unbewusst nach Partnern, mit denen sie einen neuen Versuch unternehmen können. Weil man den suchtkranken Vater nicht retten konnte, will man jetzt den ebenfalls suchtkranken Partner retten. Weil die Eltern Liebe und Anerkennung nicht geben konnten, findet man mit traumwandlerischer Sicherheit den Partner, der Liebe und Anerkennung ebenfalls nicht geben kann. Wer von seinen Eltern klein und abhängig gehalten wurde, sucht einen Partner, der ihn dominiert, über ihn bestimmt, usw.

Viele Patienten bleiben in der Therapie vor dem Eisenofen stehen und wollen nicht hinein.

Seit vielen Jahren litt Frau G. an psychosomatischen Störungen wie Migräne und Bandscheibenbeschwerden. Sie wiesen auf eine seelische Überlastung hin. Die chronischen Schmerzen betäubte Frau G. mit Analgetika (Schmerzmitteln). So wurde sie medikamentenabhängig. Verschiedene Krankenhausaufenthalte führten nicht zu einer wirklichen Veränderung, sondern lediglich zu kurzfristiger Erleichterung. Sobald sie in ihre häusliche Umgebung zurückkehrte, verschlimmerten sich die Symptome rasch.

Frau G. hatte schon sehr früh gelernt, sich anzupassen, zu gehorchen und den Erwartungen anderer gerecht zu werden. Sie war immer noch in der Firma tätig, wo sie vor siebenundzwanzig Jahren als Lehrling angefangen hatte. Sie hatte sich nie erlaubt, die Arbeitsstelle zu wechseln, obwohl sie eine Reihe attraktiver Angebote bekam. Ihre Arbeitskraft wurde häufig ausgenutzt, weil sie sich nie wehrte oder »nein« sagte, wenn sie dies eigentlich wollte.

Frau G. wurde sich während der Therapie der Abhängigkeit von ihrer Mutter bewusst. Die vielen Therapiegespräche verdeutlichten ihr, dass sie ihr Leben nur nach den Regeln, Wünschen und Bedürfnissen der Mutter gelebt hatte. Auch partnerschaftliches Glück blieb ihr versagt. Eine kurze Affäre endete damit, dass die Mutter kurzerhand den Kontakt zu dem ihrer Meinung nach ungeeigneten Partner verbot.

Vor der dominanten Mutter hatte Frau G. unrealistische Ängste, die ihr unüberwindbar erschienen. So fand sie auch keinen Weg, sich aus der abhängigen Beziehung zu ihrer Mutter zu lösen.

Während der Therapie wurde Frau G. bewusst, dass sie ihre Situation entscheidend nur durch eine radikale Veränderung ihrer gesamten Lebenssituation verbessern konnte. Sie würde sich tatsächlich von der dominanten Mutter lösen müssen, um ein unabhängiges Leben führen zu können. Zunächst war dies für sie unvorstellbar. Viel zu sehr war ihre gesamte Lebensplanung an die Existenz der Mutter gebunden. Vor allem würden Schuldgefühle auftreten, wenn sie sich offen für die eigenen und gegen die Bedürfnisse der Mutter entscheiden würde.

Trauer

Im Eisenofen bricht Trauer förmlich aus der Königstochter heraus. Ohne Trauer ist Heilung nicht denkbar. Wer das eigene Drama erkannt hat, weiß, wie sehr er übermächtigen Kräften ausgeliefert war, wie sehr er sich selbst und andere verletzen musste.

Herr T. hatte nach zahlreichen Therapien nicht zu seinem wahren Ich gefunden. Er hatte sich mit psychologischer und therapeutischer Literatur befasst, Kurse und Weiterbildungen absolviert und war schließlich erfolgreicher Telefonseelsorger. Seine tiefe Verzweiflung an sich selbst konnte er jedoch nicht ablegen. Er fühlte sich hoffnungslos und sah keinen Sinn mehr darin weiterzuleben – er war tatsächlich suizidgefährdet. Seine Energie hatte sich in all den aussichtslosen Versuchen, ein wertvoller Mensch zu sein, aufgebraucht. Der Therapeut bestätigte, dass er tatsächlich ein schweres Leben hatte, dass er von früh an unterdrückt und missbraucht wurde, dass er andere und sich selbst sehr verletzen und missbrauchen musste. Herr T. konnte seine Tränen nicht zurückhalten, er weinte hemmungslos. Dabei spürte er, wie erlösend seine Tränen und seine echte Trauer wirkten. Es lagen darin Heilung und neue Hoffnung begründet.

Es gibt Tränen der Wut, die oft mit Trauer verwechselt werden. Wer aus Wut weint, wird sich nachher nicht erleichtert, sondern schlechter fühlen. Echte Trauerarbeit ist daran zu erkennen, dass die Tränen erleichtern.

Man sagt, die Zeit heile alle Wunden – dies darf bezweifelt werden. Wunden heilen nur, wenn Trauer zu einem »Ja« zum eigenen Schicksal führt. In der Trauer lernt ein Mensch, sich mit seinem Schicksal zu versöhnen.

Die therapeutische Gemeinschaft

Jeder Tag ist kostbar –
ein Augenblick kann
alles sein. Wir werden
schuldig an unserer
Aufgabe, wenn wir
aufgehen in
Vergangenheit oder
Zukunft
Karl Jaspers

Der Prozess, der im Eisenofen stattfinden muss, bedarf großer Anstrengungen und vor allem Mut. Die abhängigen Persönlichkeitsmerkmale sind unterschiedlich stark ausgeprägt. Besonders in schweren Fällen, in denen es zusätzlich zu körperlichen Erkrankungen gekommen ist, etwa einer Suchtkrankheit, ist oft eine stationäre Psychotherapie erforderlich. Am besten lassen sich die Probleme der *Gänsemagd* in einer therapeutischen Gemeinschaft bearbeiten. Menschen mit unterschiedlichsten Schwierigkeiten kommen in eine Gemeinschaft und lernen im Zusammenleben ihre Probleme besser kennen und bearbeiten. Die Therapiegruppe hat die Aufgabe, den Spiegel vorzuhalten und destruktives Verhalten zu konfrontieren. Dies geschieht auf »sorgende Weise«. Kritik soll nicht vernichten, sondern »wachrütteln«.

Eine weitere Aufgabe der therapeutischen Gemeinschaft ist »Ermutigung«. Das »neue« Verhalten ist von Angst begleitet, daher wurde es bisher ja auch vermieden. Im Sinne einer Nachreifung ist soziales Lernen erforderlich. Jeder, der in die therapeutische Gemeinschaft kommt, entfaltet seine Probleme auf für ihn typische Weise. Dies ist zunächst erforderlich, weil nur so erfahren und erlebt werden kann, woran zu arbeiten ist.

Die Therapie der abhängigen Persönlichkeitsstörung ist schwierig und dauert in schweren Fällen viele Jahre. In der therapeutischen Gemeinschaft fallen diese PatientInnen zunächst eher nicht auf. Sie versuchen, sich anzupassen, sind stets freundlich und übernehmen willig alle Aufgaben. Sie zeigen »keine Zähne«, und Streit wird es eher selten mit ihnen geben. Sie bemühen sich, »gute« Patienten zu sein und haben immer die richtigen Vorsätze. Aus der Distanz betrachtet, müssen wir erkennen, dass sie die abhängigen Verhaltensmuster auch in der Klinik »installieren«. Dies ist zunächst nicht anders zu erwarten. Wenn sie nicht anecken oder kritisiert werden, glauben sie selbst, Fortschritte zu machen. Diese Sichtweise muss gründlich erschüttert und hinterfragt werden. Bleibt ein Patient mit dem *Gänsemagd-Syndrom* »pflegeleicht« für andere, wird die Therapie scheitern.

Allerdings muss betont werden, dass jede Patientin und jeder Patient, die/der in die therapeutische Gemeinschaft kommt, zunächst die destruktiven Muster entfalten muss. Diese sollte er/sie kennen lernen, und erst dann kann eine Persönlichkeitsveränderung erarbeitet werden. Menschen mit dem *Gänsemagd-Syndrom* fühlen sich nicht wirklich erwachsen, und so ist es normal, dass sie sich dominanteren PatientInnen unterwerfen und versuchen, ihnen alles recht zu machen. Sie übernehmen die Arbeiten in der Gemeinschaft, die unangenehm sind und andere nicht machen wollen. Sie stellen sich als seelische Mülleimer zur Verfügung, wenn andere sich entlasten wollen. Sie trösten, bedauern und leiden mit, wenn es jemandem schlecht geht. Sie organisieren und arbeiten nach Kräften für die Gemeinschaft und vernachlässigen grundsätzlich die eigenen Bedürfnisse und Belange. Ihr Selbstwertgefühl versuchen sie darüber zu stabilisieren, dass sie für andere da sind. Sie sind glücklich, wenn sie helfen können, sie fühlen sich leer, wertlos und einsam, wenn sie dies nicht können. Tatsächlich wird die therapeutische Behandlung erst dann wirksam, wenn dieses Verhalten als selbstzerstörerisch erkannt und eine Kehrtwende vorgenommen wird.

Wie bereits erwähnt versuchen sie ihr Selbstwertgefühl darüber zu stabilisieren, dass sie viel für andere tun. Wenn es in der Therapie darum geht, die eigenen Probleme ernst zu nehmen, wird es meist schwieriger. Dies hängt damit zusammen, dass sie kränkende Kritik fürchten. Außerdem fällt es ihnen schwer, für die eigenen Belange einzutreten, sich Raum für ihre Themen in der Gruppentherapie zu verschaffen. Der Fortschritt in der Therapie ist daran zu erkennen, dass das eigene Drama ernst genommen wird und die typischen Schwierigkeiten bearbeitet werden.

Visionen

Mithilfe der Kirlian-Fotografie kann das Energiefeld, das Lebewesen umgibt, sichtbar gemacht werden. Schon bevor z. B. das Blatt einer Pflanze sich entfaltet, ist das entsprechende Energiefeld vorhanden, in das es sich hinein entwickelt. Sehr ähnlich verhält es sich mit seelischer Energie, die Menschen beflügelt und antreibt. Jeder hat mehr oder weniger brauchbare bewusste sowie unbewusste Vorstellungen von seinem Leben. Jeder folgt seinem persönlichen Mythos, so wird in der tiefenpsychologischen Theorie angenommen. Damit ist das Lebensskript eines Menschen gemeint. Eltern arbeiten von Anfang an für das zukünftige Leben ihres Kindes, bewusst und unbewusst, an einem Skript. Das Lebensskript ist quasi die Idee für das Leben eines Menschen. Wie sich bei einem Film aus der Idee ein Drehbuch entwickelt, entwickelt sich aus den elterlichen Vorgaben das Skript, das das Leben des Kindes maßgeblich prägt.

Sehr schön spiegelt sich dieser Vorgang in dem Märchen *Dornröschen*. Zwölf Feen treten an die Wiege des Kindes und wünschen ihm etwas Gutes, die dreizehnte wünscht ihm etwas Schreckliches. Diese Feen verdeutlichen die unterschiedlichen Aspekte der Eltern, die zur Persönlichkeitsentwicklung beitragen. Es sind sowohl positive und förderliche als auch negative, blockierende und schädliche Aspekte.

Betrachten wir das Lebensskript der *Gänsemagd*, dann werden rasch besonders die negativen Vorgaben und Wünsche der Mutter deutlich, die Eingang in die Persönlichkeit der Tochter fanden und für sie lebensbestimmend wurden. Das Lebensskript von Menschen mit abhängiger Persönlichkeitsstruktur ist immer stark davon geprägt, viel für andere zu tun, sich opfern zu müssen und allein nicht existieren zu können. Sie leben nicht ihr Leben, sondern sind immer »bezogen auf einen anderen«. Als Partner leben sie das Leben des jeweils anderen mit; es fehlt der eigene Sinn, die eigene Aufgabe, die eigene Initiative.

Erinnern wir uns an das Pferd Falada, welches die Lebensenergien symbolisierte. Ihm wurde der Rumpf abgetrennt, sodass nur noch der sprechende Kopf übrig blieb. Die Entfaltung und Befreiung der Lebensenergie ist demzufolge eine vordringliche Aufgabe, die nur gelingen kann, wenn das Lebensskript neu geschrieben wird.

Um in dem Bild des Films zu bleiben, geht es jetzt darum, selbst das Drehbuch zu schreiben und die Regie für das eigene Leben zu übernehmen. Dies ist eine gewaltige Veränderung, sozusagen eine Wende um 180 Grad. Dazu bedarf es Visionen – nur starke innere Bilder haben die Tendenz zur Realität zu gelangen.

Jeder braucht Visionen, denn nur durch sie ist Veränderung möglich.

Eine Übung[6] kann helfen, hier die notwendigen Prozesse in Gang zu setzen:

Schließen Sie die Augen und versuchen Sie, sich selbst mit Abstand zu betrachten. Werden Sie sich zunächst darüber klar, wo Sie hier und jetzt in Ihrem Leben angekommen sind. Betrachten Sie Ihr Lebensalter und machen Sie sich klar, dass die durchschnittliche Lebenserwartung für Mitteleuropäer 75 bis 80 Jahre beträgt. Wie viele Jahre haben Sie demnach noch zu leben? Was wollen Sie damit anfangen?

- *Stellen Sie sich zunächst vor, auf Ihrem eigenen Totenbett zu liegen. Lassen Sie Ihr Leben vorüberziehen: zunächst die Jahre, die Sie bereits kennen. – Nehmen Sie sich Zeit!*

- *Danach stellen Sie sich die restlichen Jahre vor – die, die Sie noch nicht kennen.*

– *Wie wird Ihr Leben weitergehen, wenn Sie nichts ändern, sondern alles so laufen lassen wie bisher? Stellen Sie sich dies so intensiv wie möglich vor. Malen Sie sich Ihr Leben so realistisch wie möglich aus. Nachdem Sie dies mindestens fünf Minuten praktiziert haben, widmen Sie sich der nächsten Aufgabe:*

- *Stellen Sie sich jetzt vor, dass Sie unabhängig werden, dass Sie etwas ändern wollen. Sprengen Sie zunächst nur in Ihren inneren Bildern die Fesseln der Abhängigkeit.*

– *Wo wollen Sie anfangen, sich zu wehren? Wem würden Sie gerne Ihre Meinung sagen?*
– *Welche Beziehungen sollten Sie beenden, weil sie »giftig« sind?*
– *Was würden Sie gerne tun, etwas, was Sie sich bisher nicht trauten?*

- *Kehren Sie jetzt wieder in Ihre derzeitige Realität zurück. Nur wenn Sie entschieden haben, Ihrem Leben eine entscheidende Wende zu geben, können Sie die Fesseln der Vergangenheit lösen.*

- *Es kann sein, dass Sie nicht mehr alles mit sich machen lassen;*
- *es kann sein, dass Sie lernen, Ihre Bedürfnisse anzumelden;*
- *es kann sein, dass Sie erkennen, dass es nicht richtig ist, egoistische Bedürfnisse anderer zu befriedigen (auch wenn es den eigenen Sohn bzw. die eigene Tochter betrifft);*
- *es kann sein, dass Sie lernen, konstruktiv zu streiten;*
- *es kann sein, dass Sie nicht um des lieben Friedens willen nachgeben;*
- *es kann sein, dass Sie nicht mehr wiederzuerkennen sind, weil Sie nicht mehr jedem gefallen müssen;*
- *es kann sein, dass Sie Konflikten nicht mehr ausweichen, weil Sie sie als Herausforderung betrachten;*
- *es kann sein, dass Sie Ihre sozialen Kompetenzen vorantreiben;*
- *es kann sein, dass Sie eine Vision von Ihrem Leben bekommen, das einzig Ihren Vorstellungen entspricht.*

Zunächst haben Sie es zumindest in Ihrer Fantasie geschafft, unabhängig und selbstständig zu leben. Die Vision darf keine Tagträumerei sein, die von der Hoffnung lebt, dass sich alles von selbst ändert. Erstellen Sie eine Liste mit den Verhaltensweisen, die zu einem »neuen Leben« gehören.

Ein Fest feiern

Verfolgen wir die Erlösung der *Gänsemagd* im Märchen, dann ist es möglich, im Eisenofen die wahre Identität als Königstochter wiederzuerkennen. Es ist möglich, das eigene Drama zu verstehen und damit Zugang zu der Trauer zu finden, einer Trauer über den emotionalen Missbrauch und die Verformung der Persönlichkeit und allen sich daraus ergebenden Einschränkungen und inneren Fesseln, die schon früh den Weg zu einem unabhängigen und freien Leben unmöglich machten. Im Eisenofen war Klärung und Abgrenzung möglich.

Der erste Schritt in der Therapie ist immer Aufklärung. Das eigene Drama, der emotionale Missbrauch will verstanden werden. Indem Patienten die Zusammenhänge ihrer Schwierigkeiten bewusst werden, können sie auch ihre Defizite besser kennen lernen. Die neue Perspektive fordert eine Neuorientierung des gesamten Lebens. Im Gleichnis vom *Verlorenen Sohn* ist es der Vater, der ein großes Fest ausrichten lässt, als er seinen Sohn gesund zurückerhält. Das Fest ist Ausdruck der Freude, aber noch mehr Zeichen für einen Neuanfang. Auch im Märchen wird ein Fest gefeiert – und das ist richtig. Die wichtigsten Feste im Leben eines Menschen finden an den Übergängen in einen neuen Lebensabschnitt statt. Das erste Fest ist die Taufe kurz nach der Geburt; das nächste Fest wäre eigentlich, wie bereits erwähnt, ein Übergangsritual, wie dies bei den Naturvölkern regelmäßig gefeiert wird, wenn aus dem Kind ein Erwachsener wird. Jugendliche ziehen zuvor lange einsam durch die Landschaft und hoffen auf einen Traum oder eine Vision für ihr Leben als Erwachsene. Wenn sie glauben, diesen Traum gehabt zu haben, wird er dem Medizinmann oder Schamanen des Stammes erzählt, der über die Echtheit entscheidet. Jeder braucht diese Vision für sein Leben. Menschen mit einer abhängigen Persönlichkeitsstruktur haben größte Schwierigkeiten, eine Vision für ihr selbstständiges Leben zu entwickeln.

Das Fest, das es für die Königstochter zu feiern gilt, ist die neue Perspektive, die neue Hoffnung und Aussicht, erstmals die alten Fesseln zu lösen, ein anderer Mensch zu werden und das Leben neu zu beginnen. Unabhängiger werden bedeutet auch erwachsener werden, selbstverantwortlicher und reifer.

Am Ende der stationären Therapie beschreibt Herr P. seine Entwicklung: Bisher lebte ich nur für andere. Meine Mutter missbrauchte mich, indem sie mir immer wieder vermittelte, dass ich für sie da sein solle. Ständig hatte sie irgendwelche Ansprüche an mich. Was ich auch tat, nie war es genug, was zur Folge hatte, dass ich mich schuldig fühlte, weil ich mich letztlich nicht genug um sie kümmerte.

In meiner Ehe stellte sich das bekannte Muster ebenfalls bald ein. Zu Beginn waren wir zufrieden und glücklich. Im Laufe der Zeit bemerkte ich, dass meine Ehefrau immer unzufriedener und sie gleichzeitig mir gegenüber immer ansprüchlicher wurde. Ich versuchte, jedem Streit aus dem Weg zu gehen, und fühlte mich bald ausgenutzt.

Immer schon versuchte ich, Konflikten auszuweichen. Auch in der Klinik wollte ich es zunächst allen recht machen. Das war in der Therapiegruppe jedoch bald nicht mehr möglich. Ich lernte, mich zu wehren und immer öfter »Nein« zu sagen. Obwohl es mir schwer fiel, trennte ich mich von meiner Frau. »Sie wird sich nie ändern, ich brauche keinen Bestimmer mehr.«

Während der kurzen Zeit in der Klinik war es Herrn P. nicht möglich, umfassende Verhaltensänderungen vorzunehmen; dennoch gab er seinem Leben eine entscheidende Wende. Er erkannte sich selbst und verstand die Wurzeln seiner Probleme. Er war entschlossen, sich aus destruktiven Abhängigkeiten zu lösen. Dies ist der Beginn eines neuen Lebens, der es wert ist, dass er tatsächlich gefeiert wird.[7] Das Fest ist für die Seele der »Startschuss« auf dem Weg in die Unabhängigkeit. Die will jedoch erarbeitet werden, eine lebenslange Aufgabe.

Der Tod der Kammerfrau oder
Der Betrug wird rückgängig gemacht

Traumwandlerisch sicher wird das Märchen auch in den letzten Bildern zum Spiegel der Realität. Dass die Kammerjungfer sterben soll und den Tod wegen ihrer Falschheit verdient, ist eine typische Lösung für ein Märchen. Häufig kommen Bösewichte, Hexen und Zauberer am Ende eines Märchens zu Tode. Tiefenpsychologisch bedeutet dies immer, dass es gelingt, sich von schädlichen und negativen Einflüssen zu befreien.

Wie kommt es, dass die Kammerjungfer ihr Urteil selbst sprechen kann? Warum ist sie so blind, dass sie sich in den Schilderungen des alten Königs, der doch nichts anderes als ihre Geschichte erzählt, nicht wiederfindet? Erinnern wir uns daran, dass die Person der Kammerjungfer die narzisstische Persönlichkeitsstörung spiegelt! So ist es geradezu ein Merkmal von narzisstisch gestörten Menschen, dass sie fern jeder Selbstkritik nie glauben können, dass sie gemeint sind, wenn es um Fehlverhalten geht. Sie fühlen sich in ihrer Rolle über allen Dingen stehend, und es darf nicht sein, was nicht sein soll. Sie sind, was die eigene Person und ihre Wirkung auf andere betrifft, wie verblendet. Da sie sich selbst übersteigert positiv wahrnehmen, in größter Selbstverständlichkeit ihre eigenen Bedürfnisse über die anderer stellen, ist es schwer für sie, die Realität wahrzunehmen und zu akzeptieren.[8] Aber gerade damit könnte einer Kammerjungfer geholfen werden.

Menschen mit einer narzisstischen Persönlichkeitsstörung können nur eine Veränderung durchleben, wenn sie lernen, mit Kränkung umzugehen. Im Märchen heißt es, dass der falschen Braut, bevor sie in ein Fass gesteckt wird, das innwendig mit spitzen Nägeln ausgeschlagen ist, die Kleider ausgezogen werden. Dass sie die Kleider ausziehen muss bedeutet nichts anderes, als dass sie sich nicht mehr verstellen und verstecken kann: hinter schönen Gewändern, einer perfekten Fassade, mit der sie versuchte, andere zu beeindrucken und letztlich sich selbst und andere zu betrügen. Die Kleider sind demzufolge Bestandteile des falschen Selbst, das es zu überwinden gilt. Alle Symptome, alle auch selbstschädigenden Verhaltensweisen dienen letztlich als Überlebensstrategie. Auf diese alten Strategien und Methoden zu verzichten erzeugt Unsicherheitsgefühle und Angst. Die Heilung liegt darin, authentisch zu werden. Wahrhaft und ehrlich eigene Schwächen bekennen macht nicht kleiner und abhängiger, sondern freier und selbstsicherer. Die »spitzen Nägel« stehen für die Kränkungen, denen man sich freiwillig aussetzen müsste. Nur die Wahrheit hilft weiter: Dies erfordert jedoch die Bereitschaft, sich den Spiegel vorhalten zu lassen und die Kränkungen zu ertragen.

Alles, was wir von den Eltern bekommen, geht mehr oder weniger in die eigene Persönlichkeit ein. Dies gilt besonders für Beziehungsmuster; sie sind prägend! Wie Beziehungen funktionieren, *wie Lieben geht,* wird entscheidend im Kontakt mit den Eltern erlernt. Viele Verhaltensweisen übernehmen wir von den Eltern, selbst wenn wir dies nicht wollen.

Es ist schon erstaunlich, welch widersprüchliche, sich gegenseitig bekämpfende Energien in der Seele eines Menschen wirken. Gerade diese notwendigen Widersprüche erzeugen Spannungen, die zwar einerseits der Entwicklung dienen, jedoch, wenn sie nicht aufgelöst werden können, auch zu Leid und Elend führen.

Die Kammerjungfer repräsentiert die andere Seite der Königstochter, die Seite, die sie nicht zeigt oder lebt, aber doch oft gern leben würde.

Frau Z. ist wütend auf eine Kollegin, die ihre Bedürfnisse immer wieder durchzusetzen weiß. Sie schimpft über deren Rücksichtslosigkeit und Egoismus. Wäre Frau Z. ehrlich zu sich selbst, dann würde sie erkennen, dass sie besagte Kollegin wegen ihres Verhaltens auch beneidet. Sie selbst traut sich nicht, so wie diese aufzutreten, das ärgert sie.

Die Kammerjungfer hatten wir als die »Schattenpersönlichkeit« gedeutet. Jeder Mensch hat eine solche Schattenpersönlichkeit, die ihn begleitet, eben wie ein Schatten. Es ist die dunkle Seite an uns, die wir nicht sehen wollen oder können. Sie ist da, wird aber in aller Regel nicht genügend deutlich wahrgenommen. Wir entwerfen von uns selbst ein Bild, das unseren Idealen entspricht und indem bestimmte weniger angenehme Eigenschaften nicht vorkommen (dürfen). Die *Gänsemagd* wird sich selbst immer in der Opferrolle sehen. Wo sie selbst Täterin ist und zu ihrem Unglück beiträgt, wird sie zunächst nicht sehen können. Daher wird die Auseinandersetzung mit der Schattenpersönlichkeit wichtig sein. Sie will entdeckt werden, weil wir in ihr für die Heilung hilfreiche Anteile finden. Wenn die *Gänsemagd* ehrlich zu sich selbst ist, kann sie feststellen, dass sie davon träumt, ähnlich wie die falsche Braut zu sein, die sich rücksichtslos zu nehmen weiß, was sie begehrt. In gewisser Weise ist sie neidisch und eifersüchtig auf so viel Dominanz und Aggressivität, die sie sich selbst nicht zu leben traut.

Wechseln wir noch einmal den Blickwinkel und vergegenwärtigen wir uns, dass die Kammerjungfer zu dem gehörte, was die Königin ihrer Tochter mit auf den Lebensweg gab. Wir erkannten, dass es in der Gestalt der Kammerjungfer die eigene Mutter war, die die Königstochter missbrauchte, abhängig machte und immer noch dominiert. So wird deutlich, dass es jetzt darum geht, die Fesseln zu sprengen und in die Unabhängigkeit zu treten. Alles, was einschränkend und erniedrigend wirkte, muss »getötet«, sprich »zum Verschwinden gebracht« werden. Wir sehen einen aggressiven Vorgang mit radikalem Ausgang.

Die Lösung aus den Fesseln der Abhängigkeit ist nicht mit Halbheiten und falschen Rücksichtnahmen zu erreichen. Das Märchen wählt ein radikales Bild und schlägt demzufolge auch eine kompromisslose Lösung vor.

Frau C. hatte sich entschlossen, sich von ihrer dominanten Mutter zu trennen. Sie hatte lange gezögert, ehe sie diese Entscheidung fällte. Während der Therapie hatte sie erkannt, dass die suchtkranke Mutter sie tyrannisierte und ausbeutete.

Frau G.s Kindheit war durch eine dominante Mutter geprägt, die sie häufig misshandelte. Während der Therapie wurde ihr ihre abhängige Persönlichkeitsstruktur bewusst. Sie erkannte, dass die Hölle ihrer Ehe die Fortsetzung der Kindheitshölle war. Die Entscheidung, sich von ihrem Mann zu trennen, war der erste Schritt in ein neues Leben. Auch wurde ihr bewusst, dass sie sich emotional von ihrer Mutter, auf die sie im Hass fixiert war, lösen musste.

Es gilt, Sprachlosigkeit und Hilflosigkeit zu beseitigen. Vor allem wird es darum gehen, verschüttete Aggressionen zu befreien. Die

Wut, die Betroffene gegen sich selbst richten, bedarf einer neuen Richtung. Der Tod der Kammerfrau bedeutet nichts anderes, als Zugang zu finden zu blockierter Wut. Dies ist für die wahre Erlösung notwendig. Im Folgenden werden wir einige Schritte und therapeutische Techniken kennen lernen, die diesen Prozess ermöglichen.

Trauen Sie Ihrer eigenen Wahrnehmung!

Emotional missbrauchte Menschen leiden an einem typischen Problem: Sie finden in sich selbst nicht genügend Sicherheit. Sie waren schon früh der Manipulation durch übermächtige Eltern bzw. andere Bezugspersonen ausgesetzt. Sie wurden verführt, um ihre Gefühle betrogen, und oft durften sie ihrer eigenen Wahrnehmung nicht trauen, da nur die Meinung anderer zählte. Die Beeinflussung war teilweise so stark, dass die eigene Persönlichkeit sich nicht entfalten konnte. In schweren Fällen ist davon auszugehen, dass die Seele »ermordet« wurde. Diesen Vorgang, der auch durch sexuellen Missbrauch geschieht, nennt man »Seelenmord«.[9]

Wir sahen, dass das Ich entscheidend geschwächt wurde – und so fällt es oft schwer, der eigenen Wahrnehmung, dem eigenen Standpunkt, den eigenen Entscheidungen zu trauen. In schweren Fällen wird die innere Unsicherheit nicht so leicht zu überwinden sein. Der Weg in die Unabhängigkeit wird längere Zeit in Anspruch nehmen. In der Praxis ist es daher notwendig, über längere Zeit Hilfe anzunehmen. Wichtig ist jetzt allerdings, die Personen, von denen Unterstützung erbeten wird, sorgfältig auszusuchen. Wie aus dem bisher Beschriebenen deutlich wurde, suchen und finden Menschen mit einer abhängigen Persönlichkeitsstruktur immer wieder entsprechende Ratgeber und »Bevormunder«, von denen sie erneut missbraucht und ausgenutzt werden. Die Unterstützung durch eine gute Selbsthilfegruppe, in der die Meinung vieler angehört werden kann, oder durch professionelle Helfer mindert die Gefahr der weiteren Ausbeutung.

Menschen mit einer abhängigen Persönlichkeitsstruktur lassen sich nicht nur leicht von außen über Schuldgefühle manipulieren, sondern neigen zusätzlich auch dazu, sich selbst Schuldgefühle einzureden. Meist sind diese unbegründet, sie halten jedoch die abhängige Dynamik aufrecht.

Typische und häufige Schuldgefühle entwickelt die *Gänsemagd*, wenn sie den Erwartungen anderer nicht gerecht wird. Die frühe Erfahrung, für die Bedürfnisse anderer da sein zu müssen, führte in diese Falle, die die Abhängigkeit auf Dauer maßgeblich bestimmt und aufrecht erhält.

Zunächst ist es notwendig, sich über die Definition von Schuld Klarheit zu verschaffen. Schuldig macht sich jemand, der mit Absicht etwas Verwerfliches tut. Zur Schuld gehört demzufolge Absicht und das Wissen um die Verwerflichkeit der Tat. Schuldig ist also derjenige, der den Bankangestellten mit vorgehaltener Pistole zur Herausgabe von Geld zwingt. Jemand, der auf glatter Fahrbahn trotz vorsichtiger Fahrweise mit seinem Auto in ein anderes hineinrutscht und dieses beschädigt, ist nach dieser Definition nicht schuldig, da er den Unfall nicht absichtlich verursacht hat. Er ist jedoch verantwortlich! Dies bedeutet, dass er für den Schaden aufkommen muss.

Jemand, der sich mit seiner abhängigen Persönlichkeitsstruktur auseinander setzt, wird sich mit der Schuldfrage beschäftigen müssen. Dabei wird er entdecken, dass es ihm immer leichter fiel, sich schuldig zu fühlen als auf der eigenen Unabhängigkeit und Unschuld zu bestehen. Wenn ich mit meinen Patienten das Problem der Abhängigkeit bespreche, dann wird vielen deutlich, wie sehr sie selbst andere vor dem Hintergrund der eigenen Schwierigkeiten belasteten: etwa weil die eigenen Kinder wiederum zum Partnerersatz wurden. An dieser Stelle gilt es, den Unterschied deutlich wahrzunehmen. Nicht Schuld, sondern Verantwortung muss die Antwort lauten. Schuldig sein würde bedeuten, alle schädlichen

Bedingungen mit Absicht herbeigeführt zu haben. Dies entspricht jedoch nicht der Realität. Nur die Übernahme der Verantwortung löst die destruktiven Strukturen.

Die emotionale Abhängigkeit wird besonders von Schuldgefühlen verursacht und aufrecht erhalten. Wer immer wieder seinen Schuldgefühlen nachgibt, gerät in einen unseligen Teufelskreis. Insbesondere die Bearbeitung von Schuldgefühlen sollte daher voranschreiten. In der Vergangenheit führten Schuldgefühle immer wieder zu Anpassung. Zunächst ist es schwierig, Schuldgefühlen nicht nachzugeben. Der Vergleich mit dem Entzug von einem Suchtmittel ist durchaus nicht unrealistisch. Jemand, der seinen Schuldgefühlen nachgibt, verschafft sich damit eine unmittelbare Erleichterung. Ähnliches versucht derjenige, der bei unangenehmen Gefühlen Alkohol konsumiert, um die Stimmung zu heben. Eine Entfaltung der Persönlichkeit kann so nicht stattfinden.

Meist sind die Schuldgefühle unrealistisch. Dies lässt sich im Gespräch mit Freunden, Mitgliedern aus der Selbsthilfegruppe oder in der Therapie klären. Wenn es nicht richtig ist, nachzugeben, dann sollte dies auch mit allem Nachdruck durchgesetzt werden. Für Menschen mit dem *Gänsemagd-Syndrom* ist es extrem schwierig, konsequent zu bleiben, weil sie glauben, die Erwartungen anderer erfüllen zu müssen. »Rückfällig« werden bedeutet den erneuten Verlust von Selbstachtung, Ich-Stärke und Selbstüberzeugung. In allen Frauenhäusern kann dieser schreckliche Mechanismus deutlich beobachtet werden: Trotz brutaler Misshandlungen kehren die meisten Frauen in die alten Verhältnisse zurück. Gegen jede Vernunft passen sie sich den Erwartungen an, wenn es zuvor gelungen ist, Mitleid und Schuldgefühle zu erzeugen. Schuldgefühle sind typische Begleiterscheinungen bei Opfern von Terror und Gewalt. Die zerbrochene Persönlichkeit kann sich gegen bohrende Schuldgefühle nicht wehren und gibt sich wieder auf.

Das Ertragen von Schuldgefühlen ist für Menschen mit einer abhängigen Persönlichkeitsstruktur oft qualvoll und mit Ängsten verbunden. Oft ist es richtig, hier therapeutische Hilfe in Anspruch zu nehmen.

Während der Therapie war Frau I. bewusst geworden, wie sehr sie sich auch in ihrer letzten Beziehung ausbeuten ließ. Immer wieder hatte sie Partner gefunden, die ein bequemes Pascha-Dasein führten. Als sie darüber sprach, stieg plötzlich starke Wut in ihr auf. Diese sehr angemessenen und gesunden Wutgefühle waren an die Stelle von schädlichen Schuldgefühlen getreten.

Oft ist es notwendig, die Wutgefühle zu entdecken, die hinter den Schuldgefühlen stecken. Dies will oft nicht so leicht gelingen und braucht Mut zur Auseinandersetzung.

Frau L. verstand während der Therapie die Zusammenhänge, die sie »klein« und abhängig gehalten hatten. Die abhängige Persönlichkeitsstruktur war der Hintergrund ihrer Suchtkrankheit. Sie beschäftigte sich mit dem emotionalen Missbrauch, den sie durch ihre Mutter erleben musste. Sie war irritiert und aufgewühlt. »Obwohl ich jetzt weiß, was meine Mutter mir angetan hat, kann ich keine Wut gegen sie empfinden«, so eine erste Reaktion.

Dieser Reflex ist üblich und häufig anzutreffen. Das gesamte Elternbild wird sich allerdings neu ordnen müssen. Dies bedarf meist einer längeren Bearbeitung. Eine neue Sicht verändert erst auf Dauer auch die Gefühle. Während der Therapie lernen PatientInnen, dass die Angst vor Unabhängigkeit unbegründet ist. Dies kann nur in kleinen Schritten erfolgen. Bis dahin erschien es Frau L. unmöglich, ihre Mutter zu kritisieren. Immer wieder war sie auf ihre Hilfe angewiesen, und demzufolge fühlte sie sich in der Schuld der Mutter. In kindlicher Abhängigkeit wähnte sie ihre Mutter über jede Kritik erhaben; und außerdem: »Die wird sowieso nicht einsehen, was sie mir angetan hat«, meinte Frau L. Eine unabhängige, eigene Bewertung schien ihr nicht möglich. Aber genau das wäre der erste Schritt! Indem die Lebensgeschichte immer wieder besprochen wird, hebt sich allmählich der Schleier. Je klarer und deutlicher Frau L. ihre Entwicklung in die Abhängigkeit erkennen konnte, umso mehr fand sie Zugang zu ihrer Wut.

Wer beginnt, sich aus seiner *Gänsemagd-Rolle* zu befreien, wird neue Erfahrungen machen und damit die Grundlage schaffen, an die eigenen Möglichkeiten zu glauben. Der Glaube an die eigenen Fähigkeiten muss gestärkt werden. Forschungsergebnisse bestätigen immer wieder, dass die sog. *Selbstwirksamkeitsüberzeugung* langfristig entscheidend den Erfolg bestimmt. Der Patient wird zum Experten seiner eigenen Problembewältigung.

Welche Knöpfe werden gedrückt?

Zur Selbsterkenntnis gehört – gerade für Menschen mit abhängiger Persönlichkeitsstruktur –, dass sie ausfindig machen und durchschauen, wie sie durch ihre Mitmenschen manipuliert und zu Tätigkeiten gebracht werden, die sie eigentlich nicht ausüben wollen. Unbewusst tragen sie zu ihrer eigenen Ausbeutung bei, indem sie sozusagen die entsprechenden »Knöpfe« zur Verfügung stellen, auf die andere nur drücken müssen. Einige Patienten haben ihre »Buttons« aufgeschrieben:

Der »Schuldgefühle-Knopf«:
Man appelliert an mein Gewissen – etwa:
- *was habe ich nicht alles für dich getan? Nie hast du Zeit für mich; ich bin dir sowieso gleichgültig; du weißt doch, dass ich das nicht kann;*
- *ich bin so einsam ...;*
- *ich bin so krank ...;*
- *nach dem, was ich für dich getan habe, müsstest du eigentlich ...;*
- *du bist zu allen jederzeit hilfsbereit, warum hilfst du mir jetzt nicht?*

Der »Helfer-Knopf«:
Man appelliert an meine Hilfsbereitschaft –
- *etwa wenn jemand sagt: Du, ich kann das nicht, würdest du mal für mich ...?;*

- *ich helfe anderen, ohne viel zu fragen, und opfere meine Zeit. Ich erwarte kein Dankeschön;*
- *das Wohlergehen anderer ist mir wichtiger als mein eigenes, Freunde und Bekannte wissen das und nutzen es aus, dass ich nicht nein sagen kann;*
- *wenn mich jemand um Hilfe bittet, kann ich nicht nein sagen.*

Der »Anerkennungs-Knopf«:
Man appelliert an meine Eitelkeit und an meinen Ehrgeiz –
- *etwa: Du kannst das doch so gut, würdest du auch diesmal …*
- *oder: Ich traue Ihnen zu, dass Sie das schaffen können; bei Ihnen geht das so schnell;*
- *mit Komplimenten lasse ich mich leicht umstimmen …*
- *ich muss immer der Beste sein, ich suche Bewunderung;*
- *wenn ich sehe, dass andere langsam oder umständlich arbeiten, kann ich dies nicht ertragen, ich erledige die Sache dann lieber selbst.*

Der »Angst-Knopf«:
Ich habe Angst oder ich fürchte mich –
- *wenn ich »nein« sage, dann habe ich Angst, abgelehnt zu werden;*
- *ich fürchte, dass andere ärgerlich über mich sind, ich fürchte dann das nächste Zusammentreffen;*
- *ich kann nicht ertragen, wenn ich jemandem nicht genüge;*
- *manchmal bin ich zu feige, Schwächen zu zeigen. Wenn ich etwas nicht kann, sage ich trotzdem zu.*

Der »Überredungs-Knopf«:
Ich sage ja, obschon ich das nicht will –
- *man muss nur lange genug auf mich einreden, dann sage ich schon zu;*
- *bevor ich mit wortgewandteren Menschen debattiere, stimme ich lieber zu (Unterlegenheitsgefühl);*
- *jemand sagt: Das hast du doch immer gemacht, warum nicht diesmal auch …*

Die Liste ließe sich noch weiter fortsetzen, wobei die wichtigsten »Knöpfe« benannt sind. Frau A. entdeckte beim Erstellen ihrer eigenen Liste folgende Variante:

Ich lasse mir oft Verantwortung abnehmen, z. B. immer, wenn ich das Gefühl habe: Ich kann das nicht. Anschließend meine ich dann eine Gegenleistung bringen zu müssen, die meist völlig übertrieben ist und in keinem Verhältnis zu dem steht, was der andere für mich getan hat.

Übertriebene Dankbarkeit ist oft Ausdruck des *Gänsemagd-Syndroms*. Wird sie nicht erbracht, leiden Betroffene unter Schuldgefühlen.

Nachdem die »Knöpfe« bekannt sind, kann der Betroffene eher die Verantwortung für sich übernehmen. In der therapeutischen Gemeinschaft findet jeder Unterstützung darin, »Nein-Sagen« zu lernen. Dabei kann es immer wieder auch zu Rückfällen in alte Verhaltensweisen kommen – dies ist normal und kein Grund zur Selbstabwertung, sondern fordert auf, aus dem Rückfall einen »Vorfall« zu machen. Unter einem Vorfall verstehen wir konstruktives neues Verhalten, das zwar schwer fällt, aber unabhängig und selbstbewusst macht.

Die Angst vor Ablehnung ist bei vielen Patienten groß, und besonders sie müssen die Erfahrung machen, dass sie letztlich mehr geschätzt werden, wenn sie ihre wirkliche Meinung vertreten, sich wehren können und ihre wahre Persönlichkeit zum Ausdruck bringen.

»Ja« sagen

Während der Gruppentherapie spricht Frau T. ein Problem an: Ich hasse schlechte Laune oder Stress. Wenn ich einen Raum betrete, registriere ich dort zunächst die Atmosphäre. Gibt es Spannungen oder spüre ich, dass Streit war, möchte ich am liebsten weglaufen. In einem solchen Raum will ich nicht bleiben.

Menschen mit einer abhängigen Persönlichkeitsstruktur sind in einer bestimmten Weise hochsensibel. Wenn sie einen Raum betreten, in dem sich andere aufhalten, bekommen sie die Schwingungen, die im zwischenmenschlichen Bereich vorhanden ist, sofort mit. Sie machen sich in gewisser Weise abhängig von der Stimmung. Es geht ihnen gut, wenn die Atmosphäre positiv ist; es geht ihnen schlecht, wenn dies nicht der Fall ist. So fühlen sie sich der Willkür anderer ausgeliefert. Damit es ihnen gut geht, sind sie darauf angewiesen, dass ihre Umgebung positiv gestimmt ist. Die Angst vor schlechter Stimmung bei Freunden, am Arbeitsplatz, in der Familie ist unrealistisch übersteigert und hat phobischen Charakter.

Während ihrer Kindheit wurde Frau T. mit den Launen ihrer Mutter konfrontiert. Es war schrecklich für sie, wenn diese mehrere Tage nicht mit ihr sprach. Die Mutter konnte sie nach Belieben mit Gefühlen erpressen und manipulieren. Hier liegen die Wurzeln für Frau T.s. extreme Empfindsamkeit und Verletzlichkeit.

Als erwachsene Frau musste sie lernen, sich nicht mehr von Stimmungen und Launen anderer terrorisieren zu lassen. Solch eine Aufgabe ist schwierig, aber lösbar. Vor allem musste Frau T. lernen, »ja« zu sagen: ja – zu ihren Gefühlen und zu den Gefühlen anderer.

Was ihre Abhängigkeit von den Launen anderer besonders bestimmt, ist, dass sie vor jeder schlechten Stimmung zumindest innerlich flüchtet. Durch ihre Fluchtreaktion verstärkten sich immer wieder ihre Ängste.

Manchmal reagierte sie auf schlechte Laune in der Familie mit einem Wutanfall. Dieser war so heftig, dass sie sich selbst anschließend Vorwürfe machte, weil sie viel zu viel »Porzellan« zerschlagen hatte. Ihre Angst vor schlechter Laune war dadurch nur noch stärker geworden.

Was sie lernen musste war, jede schlechte Stimmung in ihrer Umgebung als eine Herausforderung zu sehen: als eine Aufgabe, die sie braucht, um emotionale Unabhängigkeit zu erreichen. Auf schlechte Laune gilt es angemessen zu reagieren.

Die Veränderung des Blickwinkels war der Schlüssel für ihre emotionale Freiheit.

Ein neuer Blickwinkel

- Es ist nicht angenehm, wenn XY schlechte Laune hat; aber ich will bei meiner Meinung bleiben, ich bin unabhängig und habe ein Recht auf meine Meinung und auf meine Gefühle, so wie XY ein Recht auf schlechte Laune hat.

- Ich spüre, dass ich wieder einmal mit Gefühlen erpresst werden soll, aber ich nehme dies als Herausforderung für ein persönliches Wachstum.

- Es wäre angenehmer, wenn XY keine schlechte Laune hätte; so jedoch kann ich üben, in *meiner* (angenehmen) Stimmung zu bleiben.

- Ich kann die Stimmung anderer nicht verändern, aber ich kann mich unabhängig davon machen.

Erinnern wir uns daran, dass Frau T. versuchte, unliebsame Situationen zu vermeiden: Ich will nicht, dass XY schlechte Laune hat; wenn XY in schlechter Stimmung ist, dann zieht mich das immer runter usw ... Der Drang nach Harmonie um jeden Preis wird erst nachlassen, wenn gelernt wird, konstruktiv zu streiten. Das innere *Nein* zu Streit und schlechter Stimmung verursacht eine Reihe von Verhaltensweisen, die schädlich für das Selbstwertgefühl sind. Es geht nicht darum, Streit um des Streitens willen zu provozieren (obwohl dies durchaus eine therapeutische Aufgabe für Patienten sein kann, die Streit fürchten), sondern darum, streiten zu können, wenn dies notwendig ist. In manchen Situationen sollte man streiten, etwa, damit die bessere Lösung verwirklicht wird; damit Ungerechtigkeiten vermieden werden; damit die eigenen, berechtigten Bedürfnisse nicht untergehen usw ... Friedlich zu sein und doch an bestimmten Stellen streiten zu müssen ist kein Widerspruch. Nur wer streiten kann, kann sich entscheiden, auch auf Streit zu verzichten.

Menschen mit einer abhängigen Persönlichkeitsstruktur können sich oft für die Belange anderer einsetzen und streiten, etwa für ihre Kinder oder für andere, wenn sie sich verantwortlich fühlen. Für sich selbst fehlt die Energie. Falada, dem Symbol für die Antriebe, wurde der Kopf abgeschlagen. Zur Entfaltung der Persönlichkeit wird Energie benötigt. Energie, die gerade jetzt dafür eingesetzt werden muss, die Opferrolle zu verlassen. *Erkenne dich selbst* ist der Schlüsselsatz, der Kraft und Glück bewirken kann, wenn aus Erkenntnissen Konsequenzen folgen.

Das Motto der Gestalttherapie ist in diesem Zusammenhang ein brauchbarer Leitfaden.

Es lautet:

Ich bin ich und du bist du;
wenn wir uns irgendwo begegnen, dann ist das schön
– wenn nicht, kann ich auch nichts daran ändern.

Körpertherapie

Menschen mit einer abhängigen Persönlichkeitsstruktur mussten, wie bereits beschrieben, ihren Zorn früh unterdrücken. Die Gefühlsenergie ist blockiert und kann nicht frei fließen. Diese Energie zu befreien ist schwierig und mit Angst verbunden. Nicht selten wird sie unbewusst blockiert, weil die Betroffenen unbewusst Angst vor der gewaltigen Wut haben, die in ihnen verborgen ist. Obwohl sie wissen, dass nichts passieren kann, fürchten sie manchmal die Aggressionsübungen, die die blockierte Energie befreien können. Sind die Ängste stark, wird nicht selten Todesangst empfunden, teilweise kann der Wunsch zu sterben entstehen, suizidale Gedanken kommen zum Vorschein. Hier ist wieder die *Gänsemagd* zu erkennen, die nichts von ihrer wahren Persönlichkeit verraten darf.

Wilhelm Reich entdeckte, dass emotionaler Stress sich immer im Körper niederschlägt. Alexander Lowen entwickelte aus diesen

Erkenntnissen die bioenergetische Psychotherapie. Methoden der Bioenergetik können hier hilfreich eingesetzt werden. Alexander Lowen schlägt vor, der Wut körperlich Ausdruck zu verleihen, indem auf ein Bett oder einen Schaumstoffwürfel geschlagen wird. Aus Leibeskräften wird im großen Bogen mit beiden Armen und Händen auf die weiche Unterlage geschlagen, damit sich die emotionalen Blockaden lockern. Danach wird Energie spürbar, die wie neue Kraft durch den Körper strömt. Auch mit aller Macht gegen ein Kissen treten mobilisiert die eingefrorene Energie im unteren Teil des Körpers. Viele Patienten sind überrascht, wenn sie spüren, wie viel Wut in ihnen verborgen ist. Eventuell haben sie Angst, verrückt zu werden, weil sie befürchten »durchzudrehen«, wenn sie die starke Kontrolle über ihre Aggressionen aufgeben. Sie müssen erleben, dass diese Ängste unbegründet sind. Die Übungen sind daher zunächst in einer Klinik oder psychotherapeutischen Praxis durchzuführen. Später können sie auch selbstständig zu Hause angewandt werden.

Die psychische Zwangsjacke, die vielen Menschen mit einer abhängigen Persönlichkeitsstruktur angelegt wurde, muss abgelegt werden. Die Energie, die mithilfe der Körperübungen frei wurde, gilt es im Alltag sinnvoll einzusetzen. So kann man etwa auf einem Bett die Aggressionsübungen fortsetzen, oder im Fitnessstudio am Punchingball arbeiten.

Holotropes Atmen

Holotropes Atmen nach Stanislav Grof ist eine therapeutische Technik, die emotionale Blockaden bearbeitet. Patienten mit einer abhängigen Persönlichkeitsstruktur erleben bei dieser Atemtechnik oft extreme Spannungen im Kiefer. Der Kiefermuskel ist der stärkste im Körper. Entwicklungsgeschichtlich betrachtet ist er ein aggressives Verteidigungsinstrument. Daher ist es verständlich, dass unterdrückte Wut zur typischen »Kieferblockade« führt. Die Auflösung emotionaler Blockaden, die auch in anderen Körperbereichen zu finden sein können, etwa in Händen und Handgelenken, lockern die alten Strukturen. Sie können dabei helfen, neue Kompetenzen aufzubauen. Auch wenn es möglich war, die Wut auf einer tieferen Ebene zu bearbeiten, bleibt die Notwendigkeit, im Alltag deutlicher die eigenen Positionen zu vertreten und »Zähne zu zeigen«.

Wo die Angst ist, ist der Weg

Die vielfältigen Ängste der Menschen mit einer abhängigen Persönlichkeitsstruktur sind das eigentliche Problem. Sie haben Angst vor Unterlegenheit, vor Kritik, vor Schuld, vor Aggressionen, vor Unabhängigkeit und davor, allein zu sein. Insgesamt werden sie häufig von Ängsten begleitet. Diese zu bearbeiten ist notwendig. Es kann nur dadurch geschehen, dass man auf die Ängste »zugeht«. Die Ängste werden nur verschwinden, wenn die ängstigenden Situationen bewältigt werden.[10] Dies bedeutet, zunächst etwas mehr Angst in Kauf zu nehmen, um dann aber zu erleben, dass die Angst unbegründet war und verschwindet. Das Motto lautet: Wo die Angst ist, ist der Weg. Ein neues Selbstbewusstsein muss entwickelt werden.

Ängste lassen sich wirkungsvoll mit einem Anti-Angst-Training bearbeiten. Systematisch werden ängstigende Situationen analysiert und mit therapeutischer Hilfe bewältigt. Für Mobbing-Opfer wurden beispielsweise spezielle Programme entwickelt, die sie aus der Opferrolle befreien. Insgesamt verhilft das Training zu mehr Selbstsicherheit und Durchsetzungsvermögen.

Oft sind Ängste lebensbestimmend:

Zum Abschluss der Therapie beschreibt Frau H. ihre Entwicklung: Als ich in die Klinik kam, war ich wie zugeschnürt, in einem Zustand tiefster Verzweiflung. Alles war schwarz und hoffnungslos. Hier lernte ich allmählich wieder zu weinen, ja, ich weinte viel. Ich lernte auch, mich zu wehren, meine Meinung zu sagen. Wenn ich mich ärgerte, schluckte ich dieses Gefühl immer herunter, überhaupt achtete ich wenig auf meine Gefühle. Heute nehme ich meine Gefühle ernst und wichtig. Ich erkannte, dass es in der Vergangenheit für mich nie etwas anderes gab, als die Bedürfnisse der anderen zu befriedigen. Meine Bedürfnisse stellte ich grundsätzlich zurück: Hauptsache, ich konnte für andere da sein. Einige Male traute ich mich, meine Wünsche in der Therapiegruppe zu äußern. Dabei schlug mir mein Herz fast aus dem Hals, ich weiß jedoch, dass ich daran weiter arbeiten muss. Ich werde auf meine Ängste zugehen.

Beziehungsmuster werden auf andere Personen »übertragen«

Nachdem ich mit einer Patientengruppe das Märchen von der *Gänsemagd* besprochen hatte, meldete sich eine Patientin, die sich in hohem Maße in den Erklärungen wiedergefunden hatte. Sie war äußerst betroffen über das Gehörte und stellte die Frage, was sie jetzt tun könne, denn ihre Eltern seien beide verstorben und daher eine Auseinandersetzung mit ihnen nicht mehr möglich.

Grundsätzlich gilt, dass Abhängigkeit über den Tod hinaus bestehen bleibt. Viele Patienten hoffen, dass sie nach dem Tod der Mutter bzw. des Vaters – je nachdem von wem sie sich eingeschränkt und abhängig fühlen – »automatisch« in ein neues, freies Leben eintreten. Diese Hoffnung wird meist vom realistischen Alltag zerstört. Es wird häufig nicht verstanden, dass die Abhängigkeit ein Bestandteil der Seele geworden ist und sich vielfach in unterschiedlichen Lebensbereichen äußert.

In der Psychologie ist die Rede von *Übertragungen*. Dies bedeutet, dass Konflikte, die man beispielsweise mit der Mutter hatte, in der Beziehung zu anderen Menschen wieder auftreten. Da ist eine Kollegin oder Vorgesetzte, die sich ähnlich zu verhalten scheint wie die eigene Mutter. Manchmal genügt eine gewisse äußere Ähnlichkeit oder ähnliche Eigenart, um eine mehr oder weniger starke Übertragungsreaktion zu entwickeln. Ärger, Angst, Hass, Liebe etc. sind elementare Gefühle, die bei Menschen mit dieser Störung zunächst in der Beziehung zur Mutter nicht befriedigend bewältigt wurden. Sie werden sich mit großer Ähnlichkeit in einer »passenden« Beziehung wiederfinden. Meist verstehen Betroffene nicht, dass sie ihre unbewältigten Konflikte mit Mutter oder Vater auf andere Personen übertragen. Sie suchen die »Schuld« bei ihrem Gegenüber. Sie kämpfen mit den gleichen untauglichen Mitteln, wie sie dies auch bei den Eltern taten, und sind zunächst nicht in der Lage, unabhängiger zu werden.

Frau S. ist sehr abhängig von den Stimmungen ihres Vorgesetzten. Wenn er schlechte Laune hat, ist sie unglücklich und voller Angst. Oft hat sie auf der Fahrt zur Arbeit Magenschmerzen und Ängste, die erst verschwinden, wenn sie erkennt, dass ihre Befürchtungen heute unbegründet sind.

Während der Therapie erkennt Frau S., dass es sich bei ihren Ängsten um eine »Übertragungsreaktion« handelt. So wie sie von den Stimmungen des Vorgesetzten abhängig war, so reagierte sie auch auf die Launen ihrer Mutter, die sie oft als unberechenbar erlebte.

So unangenehm Übertragungsreaktionen auch sind, so zeigen sie doch den Weg für eine tatsächliche Veränderung. Sie wollen als solche verstanden werden und zeigen dann, woran zu arbeiten ist. Die Auflösung von Frau S.' Problemen ist darin zu sehen, dass sie von den Stimmungen ihres Vorgesetzten unabhängiger wird. Sie muss lernen, unbeeindruckt ihre Arbeit zu verrichten und sich gegebenenfalls angemessen zu wehren. Leitsätze wie *Ich bin für die Laune meines Chefs nicht verantwortlich; ich bin unabhängig und nur für meine Laune verantwortlich* können hier unterstützend wirken. (Solche Sätze hätten ihr in der Vergangenheit geholfen, von ihrer Mutter emotional unabhängiger zu werden.) Da diese Ängste meist früh und intensiv gelernt wurden, als Folge verdrängter Wut, sind sie nicht so leicht auszulöschen.

Zunächst lernte Frau S. in ihrer Fantasie, auf ihren übel gelaunten Vorgesetzten zuzugehen und unbeeindruckt eine Frage zu stellen, auf einen Fehler aufmerksam zu machen oder auch einen eigenen Fehler zuzugeben. Wichtig war, dass sie sich zunächst schon einmal in ihrer Vorstellung traute, ihrem Chef angstfrei entgegenzutreten und ihren Ärger zuzulasssen. Nach dem Motto, »wo die

Angst ist, ist der Weg«, lernte Frau S., immer mutiger zu werden und dem Vorgesetzten auch in Situationen zu begegnen, in denen sie zuvor den Kontakt ängstlich vermieden hätte. Ein großes Problem bestand darin, dass Frau S. in der Vergangenheit ängstlich und unterwürfig auf die Launen des Vorgesetzten reagiert hatte und dieser dieses Verhalten immer noch erwartete. Nur die hartnäckige Arbeit an einer Verhaltensänderung brachte Erfolg. Schließlich wurde Frau S. weniger ängstlich. Hilfreich war auch, dass sie ein Entspannungsverfahren einübte, welches sie immer dann anwandte, wenn wieder Ängste auftraten oder Befürchtungen sie befielen.

Menschen mit einer abhängigen Persönlichkeitsstruktur werden immer mehr oder weniger starke Probleme damit haben, sich durchzusetzen und unabhängig zu werden und zu bleiben. Daher bleibt es für sie eine lebenslange Aufgabe, auf ihre Ängste zuzugehen und an der Entwicklung der Persönlichkeit zu arbeiten. Eine schnelle Lösung darf daher nicht erwartet werden. Allerdings wird mit Übung und Ausdauer vieles leichter. Wichtig ist die richtige Haltung zu den eigenen Lebensaufgaben. Nur wer Freude und Lust an der Entfaltung der Persönlichkeit entwickelt, ist auf Dauer in der Lage, den manchmal steileren Weg zu gehen. Der Rückfall ins bequeme Elend ist zu fürchten, denn es ist verführerisch, Konflikten auszuweichen und Ängste nicht zu bearbeiten.

Erinnern wir uns an die Frage der Patientin, deren Eltern gestorben waren. Sie wollte wissen, was zu tun sei, weil eine direkte Auseinandersetzung nicht mehr möglich sei. Die erste Antwort lautet, dass sie sich der vorhandenen Übertragungen bewusst werden und an deren Auflösung arbeiten sollte. Jeder, der an einem mehr oder weniger ausgeprägten *Gänsemagd-Syndrom* leidet, findet hier ein reiches Betätigungsfeld. Alle Beziehungen, in denen unrealistische Ängste auftreten, sind zu untersuchen. Wo gilt es, die Opferrolle zu verlassen und an der eigenen Unabhängigkeit zu arbeiten? Wie abhängig ist jemand z. B. in der Beziehung zum Partner? Mitunter ist die Opferhaltung in nahezu allen Beziehungen zu erkennen. Oder aber wir finden das typische »Helfer-Syndrom«. Wenn die

Eltern nicht mehr leben, ist eine Auseinandersetzung mit ihnen trotzdem möglich und erforderlich:

Im Rollenspiel traute Frau S. sich erstmals, der Mutter all die Dinge zu sagen, die sie sich bis dahin nie getraut hatte zu äußern. Sie stellte sich vor, dass auf dem Stuhl gegenüber ihre Mutter säße. Zunächst waren ihre Ängste so groß, als wäre es tatsächlich so. Mit der Unterstützung ihrer Therapiegruppe und der Therapeuten wurde sie immer mutiger und ihre Stimme wurde fester. Sie spürte, wie allmählich tiefe Wut in ihr aufstieg, die unmittelbar starke Schuldgefühle auslöste. Hierdurch fühlte sie sich blockiert – sie wollte das Rollenspiel abbrechen.

Rollenspiele sind bei der Auseinandersetzung mit einer Mutter- oder Vaterproblematik häufig hilfreich. Die auftretenden Widerstände zeigen auch bei Frau S. den Weg. Nicht selten äußern Patienten die Meinung, dass sie über die verstorbene Mutter nichts Böses sagen oder denken dürfen. Wir vertreten hier jedoch die Meinung, dass es wichtig sei, ein realistisches Bild der Eltern zu entwerfen und unrealistische Ängste abzubauen. Die inneren Fesseln lassen sich nur lösen, wenn die verschütteten Wut- und Ärgergefühle freigelegt werden. Daher war es wichtig, dass Frau S. das Rollenspiel nach einem klärenden Gespräch fortsetzte. Diese Übung führte sie während der Therapie mehrfach durch. Es verhalf ihr zu einem realistischeren Abstand von ihrer Mutter. Sie wurde insgesamt mutiger und selbstsicherer.

Destruktive Beziehungen überwinden

Abschied nehmen will gelernt werden. Menschen mit einer abhängigen Persönlichkeitsstruktur können aus unterschiedlichen Gründen kaum Abschied nehmen und Beziehungen beenden. Der Lebensweg konfrontiert auf natürliche Weise mit Abschied: von der Kindheit, von der Schulzeit, von den Eltern etc. Schauen wir die *Gänsemagd* an, dann haben Abschied und Trennung von der Kindheit sowie von der Mutter nicht in genügender Weise stattgefunden.

Damit fehlt ihr die grundlegende Fähigkeit, selbstbestimmt zu handeln: eigene Entscheidungen zu treffen und auszuführen. Wenn es zur Trennung vom Partner kommt, dann meist, weil der Partner sich trennt oder weil ein Dritter dies so möchte, etwa: die Mutter ist mit dem Partner der Tochter nicht einverstanden und forciert die Trennung. Ein solch verordneter Abschied ist weder selbstbestimmt noch eigenständige Leistung, sondern Ausdruck von Abhängigkeit, die durch diesen Vorgang nochmals vertieft wird. Wieder wurde dem Druck der Mutter nachgegeben, an entscheidender Stelle seitens der Mutter die Grenzen verletzt, ohne dass die *Gänsemagd* sich dagegen gewehrt hätte.

Ein weiterer Grund, warum Menschen mit *Gänsemagd-Syndrom* Partnerschaften nicht beenden können, liegt darin, dass die Beziehung eine Funktion hat. Der Partner soll Halt und Stabilität vermitteln, oder wie im folgenden Fallbeispiel alte Wunden heilen. Die *Gänsemagd* ist viel zu ängstlich, unselbstständig und unsicher, als dass sie es sich zutrauen würde, allein mit dem Leben fertig zu werden. Sie ist im Grunde nicht lebenstüchtig! Ihre Angst vor Alleinsein, ihre tiefen Selbstzweifel lassen sie sich an den Partner anklammern. Sie ist also abhängig von ihm, und selbst wenn sie nicht gut behandelt wird, erträgt sie lieber ihr Schicksal, ordnet sich unter und bleibt vorsichtshalber in der Abhängigkeit, als dass sie den Schritt in die Eigenständigkeit wagte.

Wenn sie die Partnerbeziehung trotz aller Abhängigkeit verlässt, dann immer nur in dem Fall, in dem sie ohne Zögern von einer Abhängigkeit in die nächste wechseln kann. Auch auf diese Weise werden Schmerz und besonders die Angst vor Abschied (im Sinne von allein zurückbleiben) vermieden.

Frau S., eine Patientin mit einer abhängigen Persönlichkeitsstörung, sucht Partner, zu denen sie eine hörige Beziehung aufbaut. Auch in der aktuellen Beziehung dreht sich ihr Denken und Handeln nur um die Befriedigung der Bedürfnisse des Partners. Sie zeigt sich unterwürfig und kann keine eigenen Initiativen entwickeln. Sie versucht, sich eng an den Partner zu klammern. Sie nimmt ihm sozu-

sagen die Luft zum Atmen. Selbstverständlich fand sie nach dem Schlüssel-Schloss-Prinzip einen Partner mit großem Freiheitsbedürfnis. Es kam immer wieder zu heftigstem Streit, der auch körperlich ausgetragen wurde. Längst war jedes positive Gefühl aus dem Kontakt verschwunden. Stattdessen hasste sie der Partner. Trotzdem idealisierte Frau S. die Beziehung: Er sei der beste Partner, den sie je gehabt habe. Sie lebte von der Hoffnung, dass es wieder so werden könnte wie anfangs. Aus dieser Fantasie zog sie jegliche Hoffnung, die jedoch völlig unrealistisch war.

Unbewusst hatte sie das Drama ihrer Kindheit wiederholt. Obwohl sie alles tat, um die Liebe der Mutter zu gewinnen, wurde sie immer wieder enttäuscht. Letztlich missbrauchte die egozentrische Mutter sie für ihre selbstsüchtigen Bedürfnisse.

Die Lösung aus der abhängigen Beziehung zu ihrem Partner wurde erst möglich, nachdem sie die tiefe Wut auf die Mutter bearbeitet hatte. Sie erkannte, dass sie selbst, ohne dies zu wollen, zu ihrer eigenen Ausbeutung beigetragen hatte. Indem sie das destruktive Beziehungsmuster zu ihrer Mutter auf andere »Liebesbeziehungen« übertrug, konnten diese nur scheitern. Da sie gelernt hatte, immer hinter Liebe herzulaufen, konnten sich Selbstwertgefühl und Selbstliebe nicht entfalten.

Liebe kann man nicht erdienen, erkaufen, erbitten oder erflehen. Liebe ist immer ein Geschenk, das keine Gegenleistung fordert.

Frau S. hatte ihre Wut verdrängt, da die dominante Mutter bei jedem Widerspruch nur zorniger und unerbittlicher geworden wäre. Ihre Persönlichkeit war gebrochen, sie war angepasst, unfähig, sich zu wehren und eigene Ziele zu verfolgen. Verdrängte Wut führt immer zu Angst, und so kann es nicht anders sein, als dass Frau S. von vielen Ängsten befallen war und sich insgesamt unsicher fühlte. Die Fähigkeit, sich aus der destruktiven Beziehung lösen zu können, musste Frau S. während der Therapie erarbeiten. Insbesondere galt es, die blockierte Wut zu befreien, was sie weniger ängstlich und abhängig werden ließ.

Aus dem bisher Geschilderten geht hervor, dass die Lösung aus destruktiven Abhängigkeiten eines intensiven Prozesses bedarf. Die gesamte Persönlichkeit gilt es zum Positiven zu verändern, so, als würde man ein neues Leben beginnen.

Viele Menschen bleiben in destruktiven Beziehungen, weil es einfacher ist, im bequemen Elend zu verharren als sich weiterzuentwickeln. Oft fordert Leid zur Veränderung auf, dies wird jedoch nicht erkannt bzw. wird verdrängt. Immer wieder findet sich logischerweise folgendes Muster in abhängigen Beziehungen: Zu Beginn haben beide Partner bewusst oder unbewusst die Erwartung, dass ihre emotionalen Probleme sich mithilfe der Beziehung lösen. Während der ersten Phase der Verliebtheit haben sie beide tatsächlich das Gefühl, dass ihre Sehnsucht sich erfüllt. Wenn der Rausch der Verliebtheit abgeklungen ist, treten die emotionalen Probleme wieder in den Vordergrund: sei es ein Minderwertigkeitsgefühl, die Unfähigkeit allein zu sein, die emotionale Abhängigkeit vom Elternhaus usw. Die Ernüchterung bringt sie jedoch nicht dazu, die Beziehung zu beenden oder sich persönlich weiterzuentwickeln. Sie klammern sich an ihren »Problemlöser« wie an ein Suchtmittel, das nur vorgaukelt, Abhilfe zu schaffen. Sie bleiben passiv und leben in der Erwartung, dass der andere die Erlösung zu vollbringen hat.

Weil beide voneinander abhängig sind, bleibt auch der dominante Partner in dieser destruktiven Beziehung.

Es ist simpel: Wer Arbeit gegen seine emotionalen Probleme einsetzt, läuft Gefahr, arbeitssüchtig zu werden; wer Religion oder Esoterik gegen seine emotionalen Probleme einsetzt, wird sich von diesen Systemen abhängig machen; wer Sport gegen seine emotionalen Probleme einsetzt, wird immer mehr Sport treiben; wer Computerspiele gegen seine emotionalen Probleme einsetzt, wird bald einen Zwang erleben, der ihn dazu bringt, viele Stunden sinnlos vor dem Bildschirm zu verbringen; wer Suchtmittel einsetzt, um seine emotionalen Probleme zu lösen, wird drogensüchtig; wer gegen seine emotionalen Probleme Automatenspiele einsetzt, wird spielsüchtig; wer Partnerbeziehungen zur Problemlösung einsetzt, wird sich bald in einer abhängigen Beziehung befinden.

An die Stelle echter Problemlösung wird ein Mittel gesetzt, welches die Schwierigkeiten nur betäubt, vertuscht oder scheinbar zum Verschwinden bringt. Die Folge ist ein Zwang, dieses Mittel immer wieder einzusetzen, ein Kontrollverlust über den eigenen Willen. Dies verursacht Leid und Krankheit.

Manchmal ist es schwierig, die tiefer liegenden emotionalen Probleme zu erkennen, etwa den emotionalen Missbrauch. Auch die Bearbeitung ist oft mit großen Anstrengungen verbunden:

Herr G. wurde als Kind einerseits emotional vernachlässigt und andererseits materiell verwöhnt. Die Folge war eine emotionale Verwahrlosung, die ihn immer wieder dazu brachte, Partnerinnen auszubeuten. Seine innere Leere betäubte er mit Suchtmitteln. Er hatte nie gelernt, die Verantwortung für sein Leben zu übernehmen.

In der Therapie erkannte Herr G. die Hintergründe seiner Schwierigkeiten. Zunächst bemühte er sich um Selbstdisziplin und ließ die Absicht erkennen, sein Chaos zu ordnen. Bald jedoch fand er eine Partnerin, auf die er sich fixierte. Er beutete sie sowohl emotional als auch materiell aus. Damit, dass er erneut eine abhängige Beziehung einging, war die Therapie zum Scheitern verurteilt; er brach die Behandlung ab.

Liebe oder Abhängigkeit?

Mitunter ist es schwierig, zu entscheiden, ob das Gefühl für einen anderen Menschen Liebe oder Abhängigkeit ist.

Die Affäre, die Frau E. mit einem Mann hatte, lag bereits mehrere Jahre zurück. Sie fühlte sich jedoch immer noch stark zu ihm hingezogen, obwohl sie von ihm verletzt und missbraucht worden war.

Während der Therapie war ihr bewusst geworden, dass der Partner nur zu Beginn der Beziehung eine tiefe Sehnsucht befriedigte. Er hatte ihr das Gefühl vermittelt, dass sie völlig okay sei. Sie fühlte sich erstmalig im Leben angenommen, so wie sie war. Er nahm ihr ihre Selbstzweifel und gab ihr das Gefühl, unbedingt liebenswürdig zu sein. <u>Als unerwünschtes Kind fiel es Frau E. schwer, aus sich selbst heraus Selbstliebe zu entwickeln.</u>

Frau E. erkannte, dass der Partner zum »Problemlöser« wurde. Sie lernte zu unterscheiden zwischen der Sehnsucht nach dem Gefühl angenommen zu werden und sich geliebt zu fühlen und der Frage, ob jemand wirklich liebenswürdig ist. Sie erkannte, dass ihr Defizit auch jemand befriedigen kann, der in Wahrheit nicht liebenswürdig ist. Das, was sie dann liebt, ist das (scheinbare) Verschwinden ihres Problems. Dies wird meist rauschhaft erlebt und macht abhängig. Immer mehr Menschen werden liebessüchtig, weil sie glauben, dass sie ihre emotionalen Probleme lösen können, indem sie einen Partner finden, der sie erlöst. Immer neue Beziehungen vergrößern <u>die innere Leere</u> jedoch nur.

Einen anderen Menschen lieben ist etwas anderes. Man liebt eine Rose, weil sie schön ist und weil sie duftet. Man liebt einen Menschen, weil er Eigenschaften hat, die liebenswürdig sind.

Die Stärkung des Grundvertrauens

Innere Stabilität ist bei Menschen mit *Gänsemagd-Syndrom* nur mangelhaft ausgebildet. Wie schon ausgeführt, bestimmen Angst und Unsicherheit ihr Leben maßgeblich. Eine effektive Methode das Grundvertrauen zu stärken ist *Alpha-Relaxing*.

Hinter der Bezeichnung *Alpha-Relaxing* verbirgt sich ein Entspannungs- und Aufmerksamkeitstraining, das leicht zu erlernen und durchzuführen ist. In aller Regel werden bereits nach wenigen Minuten Effekte erzielt. Mit *Alpha-Relaxing* sind tiefe, positive Veränderungen der gesamten Lebensvorgänge zu erreichen. Die Verarbeitung von Gefühlen, Stress und Konflikten wird vorteilhaft verändert. Psychische Probleme sowie körperliche Schmerzen können aufgelöst werden, das allgemeine Wohlbefinden verbessert sich. Vielfach wird über tiefe spirituelle Erfahrungen berichtet. Bei regelmäßigem Training wird *Alpha-Relaxing* natürlich und angenehm in den Alltag integriert.

Alpha-Wellen nennt man die heilsamen Schwingungen, die unser Gehirn in tief entspanntem Zustand erzeugt. Mittels eines Elektroenzephalogramms (EEG) können die feinen elektrischen Wellen, die das Gehirn ständig produziert, gemessen werden. Wenn wir uns in eine tiefe meditative Seelenlage begeben, befindet sich unser Geist im *Alpha-Zustand*. Mit *Alpha-Relaxing* wird dieser Zustand leicht und immer wieder erreicht. Beide Gehirnhälften werden in ein Gleichgewicht gebracht.

Wie funktioniert Alpha-Relaxing?

Kinder lernen bereits früh aufzupassen, sich zu konzentrieren, vorsichtig zu sein und Acht zu geben. Durch diese Anweisungen lernen wir, die Aufmerksamkeit auf einen Punkt zu lenken, also uns zu konzentrieren. Beim *Alpha-Relaxing* wird die Aufmerksamkeit auf immer neue Bereiche oder Räume im eigenen Körper gelenkt. Dadurch werden die Gedanken zum Stillstand gebracht – Ruhe und ein meditativer Zustand stellen sich von selbst ein.

Indem die Aufmerksamkeit auf Bereiche des eigenen Körpers und damit auf eine räumliche Vorstellung gerichtet wird, entsteht von selbst das Gegenteil von Anspannung: Wärme, Entspannung, Angstreduktion etc. stellen sich ein. Durch den gezielten Einsatz von *Alpha-Relaxing* erreichen auch diejenigen einen Zustand der Entspannung, die dies ohne Unterstützung nicht vermögen.

In einer ersten Übungsphase wird *Alpha-Relaxing* »installiert«. Dies geschieht mithilfe einer Übungs-CD. Schon nach wenigen Tagen werden Sie *Alpha-Relaxing* anwenden können, indem Sie Ihr Gehirn auch dann in den *Alpha-Zustand* bringen, wo dies zuvor nicht möglich war. Bei jeder alltäglichen Gelegenheit, insbesondere in Stress-Situationen, können Sie *Alpha-Relaxing* anwenden, Ihre Anspannung reduzieren und gelassener reagieren.

Gesunden Personen gelingt es mehr oder weniger gut, nach geistiger Anstrengung oder konzentrierter Arbeit in einen entspannten Zustand zurückzukehren und Erholung zu erleben. Stressgeschädigten gelingt dies meist nicht oder nur unbefriedigend. Auch wenn sie sich entspannen könnten, bleiben sie in angespanntem Zustand. Schlaflosigkeit, Grübelzwänge, Nervosität, Verkrampfung, Gereiztheit, Spannungskopfschmerz, innere Unruhe, Angst etc. verhindern die Entspannung. Ein Teufelskreis ist entstanden, der Stress-Symptome wachsen lässt. Das eigentliche Problem ist die Unfähigkeit, in einen entspannten Zustand zu gelangen, wenn dies wünschenswert wäre. Ein chronischer Zustand ist erreicht, wenn geistige Anstrengung immer schwieriger wird, weil Erholung nicht mehr möglich ist. Selbst wenn alle »Stressauslöser« beseitigt sind, kommt es nicht zu befriedigender Entspannung, weil bereits gewöhnlich harmlose Reize zu Stress führen. *Alpha-Relaxing* führt auch diejenigen wieder zur Entspannung, die dies ohne Hilfe nicht vermögen.

Während der *Alpha-Relaxing*-Übung fühlen wir uns wohlig, entspannt und vollkommen sicher, etwa so, wie ein kleines Kind, das zufrieden und satt in den Armen der Mutter liegt. Je tiefer wir entspannen, desto besser geraten wir in diese wohlige Gelöstheit. Die gesamte Persönlichkeit wird beeinflusst: Angst, Sorgen, negative Gedanken fallen ab. Positive Gefühle wie Liebe, Geliebtwerden und Zuneigung werden im *Alpha-Relaxing*-Zustand wie von selbst erfahren, weil sie im Zustand tiefer Versenkung vorhanden sind. Dieses Gefühl hält auch nach der Übung eine Zeit lang an und stärkt so das Grundvertrauen. Ruhe und Kraft, die während und nach der Übung erfahren werden, lassen die Bereitschaft zu Stressreaktionen geringer werden. Stattdessen erleben wir mehr Ausgeglichenheit und innere Sicherheit.

Alpha-Relaxing ist eine sanfte Methode, die Persönlichkeit zu verändern und zu stärken. Auf indirekte Weise werden innere Kräfte aktiviert, die das Wohlbefinden verbessern und emotionalen Stress auflösen. *Alpha-Relaxing*, regelmäßige Übung vorausgesetzt, lässt mutiger und angstfreier werden. Wer regelmäßig z. B. mit *Alpha-Relaxing* meditiert, bringt den wahren Kern der eigenen Persönlichkeit stärker zum Ausdruck und das Grundvertrauen wird gestärkt.

Der Wunsch nach Freiheit und Unabhängigkeit ist gerade bei Menschen mit einer abhängigen Persönlichkeitsstruktur groß. Die Entfaltung der Persönlichkeit, so wie sie hier beschrieben wurde, kann die Handlungsmöglichkeiten deutlich erweitern und das Selbstwertgefühl stärken. Letztlich wird es die vollkommene Freiheit aber nicht geben. Viele Menschen versuchen das Problem innerer Unfreiheit damit zu lösen, dass sie auf die Jagd nach äußeren Freiheiten gehen. Sie müssten verstehen, dass sie so nicht an ihr Ziel kommen. Das Problem lässt sich nur mit Methoden bearbeiten, welche von innen das »Loch« füllen. Meditation ist solch eine Methode, die zu Zufriedenheit und Sattheit führen kann. Durch Meditation allein wird es jedoch auch keine Lösung geben, denn Meditation macht sensibler und die Probleme werden deutlicher. Psychotherapie und Meditation ist die effektivste Weise, an der Persönlichkeitsveränderung zu arbeiten.

Was der alten Königin helfen könnte

Die Veränderung der *Gänsemagd* begann damit, dass sie ihr Drama verstand. Dass sie ihre Augen öffnen und die Dinge so sehen durfte, wie sie sind. Sie musste erkennen, dass sie missbraucht wurde und dass sie in einer destruktiven Abhängigkeit lebte. Indem sie sich ihrem Drama näherte und bereit war, *in den Eisenofen zu gehen*, wurde eine grundlegende Persönlichkeitsveränderung möglich. Auf die vielfältigen Ängste zuzugehen und ihre Schuldgefühle zu bearbeiten fiel ihr schwer.

Auch die *alte Königin* sollte damit beginnen, ihr Drama zu verstehen. Sie wurde, wie schon erwähnt, selbst missbraucht und war zu einem eigenständigen Leben nicht in der Lage. Auch wenn sie sich nach außen stark und unabhängig zeigte, verbarg sie doch lediglich ihre innere Einsamkeit. Vielen dieser Mütter oder Väter wird es unmöglich sein, ihre Abhängigkeit zu erkennen und das eigene Leben zu verändern. Ihr Blickwinkel ist ebenso eingeschränkt, wie wir dies bei der *Gänsemagd* zunächst feststellen mussten. Hinzu kommt, dass sie glauben, sich aufgrund ihres Alters nicht mehr ändern zu können. Sie halten an den destruktiven Beziehungsmustern fest und sind nicht bereit, an den eigenen Schwierigkeiten zu arbeiten. Vielmehr werden sie an der Überzeugung festhalten, dass ihr Sohn oder ihre Tochter mehr für sie tun müssten.

Das Problem der Königin ist dem ihrer Tochter im Grunde sehr ähnlich. Auch sie ist viel zu abhängig geblieben. Ihre Unfähigkeit, die Tochter loszulassen, wird lediglich damit überdeckt, dass sie behauptet, die Tochter brauche sie. Die Königin hat eine wichtige Aufgabe, sie spürt darüber Wert und Sinn in ihrem Leben. Erst, wenn die Tochter sie verlässt, fällt sie in ein »Loch«. War ihre »Erziehungsarbeit« gründlich, kann sie meist darauf vertrauen, dass ihre Tochter unter Schuldgefühlen leidet und den Kontakt sucht. Letztlich wird die Mutter jedoch spüren, dass sie der Tochter eine Last ist – und dies wird sie wütend werden lassen. So benötigt sie schon erhebliche Ignoranz, um nicht wahrzuhaben, wie ihre Tochter wirklich fühlt. An dieser Stelle ist anzusetzen: Erst, wenn sie beginnen kann, ihre Tochter in ihren Bedürfnissen als gleichwertig zu akzeptieren, wird auch für sie Veränderung möglich. Dies bedeutet, dass sie »abstinent« davon werden muss, ihre Tochter zu missbrauchen. Dafür fehlen ihr jedoch in der Regel die Voraussetzungen.

Nachdem Frau K., eine alkoholkranke Patientin, immer wieder rückfällig geworden war, hatte ihre Tochter den Kontakt zu ihr völlig abgebrochen. Während der stationären Therapie wurde deutlich, dass sie den einzigen Lebensinhalt darin sah, wieder Kontakt zu ihrer Tochter herzustellen. Sie wollte endlich ihr Enkelkind sehen, welches in der Zwischenzeit geboren wurde. Bei der weiteren Untersuchung wurde deutlich, dass ihre Beziehung zur Tochter einen extrem abhängigen und destruktiven Charakter aufwies. So erlebte sie die Trennung von der Tochter als extrem schmerzhaft. Sie äußerte, dass dieser »Entzug« für sie schlimmer sei als der Entzug vom Alkohol.

Der emotionale Missbrauch, den Frau K. an sich selbst erleben musste, hatte sich in typischer Weise auf die Beziehung zu ihrer Tochter übertragen. Während der Therapie wurde der Patientin bewusst, dass ihre Arbeitskraft von den Eltern ausgebeutet wurde. Nur durch ihre Arbeit hatte sie zeitweise die Aufmerksamkeit der Eltern, jedoch nicht wirkliche Zuneigung gewinnen können. Frau K. setzte das Muster, Zuneigung durch extreme Leistung erarbeiten zu wollen, in ihrem weiteren Leben fort. Tragischerweise fand sie mit traumwandlerischer Sicherheit immer die Personen, die sie nicht anerkennen konnten oder wollten. Unbewusst brachte sie andere dazu, sie quasi auszubeuten. Sie wurde arbeitssüchtig und schließlich alkoholkrank.

Die Befriedigung ihrer großen Sehnsucht nach Liebe und Zuneigung sah sie darin, die Beziehung zu ihrer Tochter wiederherzustellen. Weil sie glaubte, dass ihre Tochter quasi von Geburt an dazu verpflichtet sei, sie zu lieben, wollte sie nichts weiter als die Beziehung wieder »kitten«.

Nur sehr zögernd war sie bereit, den destruktiv-abhängigen Charakter der Beziehung zu erkennen. Zunächst wollte sie nicht wahrhaben, wie sehr sie die Tochter mit ihren Rückfällen verletzt und mit ihren Trinkexzessen terrorisiert hatte.

Während der Therapie wurde ihr bewusst, dass sie sich von ihrer Tochter lösen musste. Vor allem die Behauptung, dass sie nur das Beste für ihre Tochter gewollt habe, musste sie als Vorwand erkennen, um sie an sich zu binden.

Frau K. erkannte, dass ihr gesamtes Leben einer radikalen Verändern bedurfte. Sie bekam den Auftrag, zunächst einen Entwurf für ihr neues, besseres Leben anzufertigen. Dieser Entwurf sah vor, dass sie vor allem daran arbeiten wollte, neue Freunde zu finden, die Sinnfrage zu lösen und an ihrer Selbstliebe zu arbeiten.

Bei meiner therapeutischen Arbeit begegne ich immer auch Menschen, die ihre destruktive Abhängigkeit von Tochter oder Sohn erkannt haben und mit Nachdruck an einer Veränderung arbeiten. Therapeutische Unterstützung – etwa in Beratungsstellen und die Mitarbeit in guten Selbsthilfegruppen – machen den Erfolg wahrscheinlicher.

Die Mehrgenerationen-Perspektive

Abhängige Beziehungsmuster werden über *soziale Vererbung* an die nächste Generation weitergegeben. Wenn jemand wissen möchte, warum die Mutter nicht loslassen kann, dann sollte er den Lösungsprozess der Mutter von wiederum deren Mutter überprüfen. Man wird erkennen, dass sie nie selbstständig werden durfte. Ein weiterer kritischer Blick sollte auf die Beziehung zu den eigenen Kindern gelenkt und geklärt werden, ob diese abhängig erzogen werden oder wurden. Abhängige Mütter (Väter) haben meist abhängige Kinder!

Verzeihen – wie geht das?

Menschen mit abhängiger Persönlichkeitsstruktur sagen oft sehr leicht: »Ich verzeihe dir!« Häufig ist dies jedoch ein Akt der Anpassung und hat keine reife Qualität. Schwer wiegende Verletzungen durch emotionalen Missbrauch, die zur Deformierung der Persönlichkeit führten, können in Wahrheit nicht so leicht verziehen werden. Damit Verzeihen möglich wird, müssen hierfür zunächst Voraussetzungen geschaffen werden. Verzeihen ist erst am Ende eines langen Weges möglich. Verzeihen kann nur jemand, der verstanden hat, wieso dies alles geschehen musste. Er muss Zugang gefunden haben zu seiner tiefen Wut, und er muss Wege gefunden haben, diese für sein Leben zu erschließen. Auch Hass ist als elementares Gefühl unerlässlich und will durchlebt werden. Heilung beginnt nicht selten damit, dass Betroffene Zugang zu ihren verdrängten Wut- und Hassgefühlen finden und lernen, sich angemessen zu wehren und abzugrenzen. Nur wer hassen kann, kann auch verzeihen. Wird die blockierte Wut nicht oder nur unzureichend befreit, hat Verzeihen immer einen schalen Beigeschmack.

Alles, was bisher zur Erlösung aus dem *Gänsemagd-Syndrom* gesagt wurde, sollte als Prozess begonnen haben. Jemand, der sich immer noch manipulieren und unterdrücken lässt, kann nicht verzeihen, weil ihm die Reife fehlt.

An der Entwicklung der eigenen Persönlichkeit zu arbeiten, neue Lebensräume und Lebensmöglichkeiten zu erschließen macht glücklich: Sinn wird spürbar. Erst aus dieser neuen Perspektive ist es möglich, die abhängigen Beziehungsmuster in der Familie zu verstehen und die Bedürftigkeit aller zu begreifen.

Verzeihen ist dann eine reife menschliche Leistung, die nicht zuletzt dem eigenen inneren Frieden dient. Verzeihen ist nur möglich, wenn es ein Akt der (gewonnenen) Freiheit ist.

Am Ende eines erfolgreichen psychotherapeutischen Prozesses sollte immer Verzeihen stehen. *Vor allem auch, sich selbst verzeihen.* Betrachtet man die Entwicklung mit Abstand, wird deutlich, dass jeder, der missbraucht wurde, nicht nur Opfer, sondern auch Täter werden musste. Sein eigenes Leid wurde auch zum Leid aller in der Familie. Besonders deutlich wird dies, wenn jemand eine Suchtkrankheit entwickelte.

Die Mitte finden oder
... beide beherrschten ihr Reich in Frieden und Seligkeit

Jeder Mensch hat ein Bedürfnis nach Harmonie, Vervollkommnung, Erlösung, Einheit etc. Die Vereinigung von Prinz und Prinzessin im Märchen darf nie so verstanden werden, dass sich hier ideal ergänzende Partner finden. Die *Gänsemagd* wird ihren »Traumtyp« nicht finden, auch wenn sie sich noch so sehr danach sehnt und darin die Erlösung vermutet.

Märchen sind viel zu ernst und realistisch, als dass man sie so missverstehen dürfte. Die Vereinigung der Königstochter mit ihrem Königssohn ist auch hier symbolisch zu deuten, so wie gewohnt. Wieder müssen wir uns vergegenwärtigen, dass es sich um eine einzige Person handelt, die sich weiterentwickelt. Der *Gänsemagd* fehlte die männliche Seite, die für Zielorientierung, Tatkraft, Wille und Durchsetzungsfähigkeit steht. Diese gilt es zu entfalten und zu integrieren. So wie die reife Persönlichkeit nach dem chinesischen Yin und Yang männliche und weibliche Anteile harmonisch vereint, gelingt es dem Menschen, die Rolle der *Gänsemagd* zu verlassen und tatsächlich zur eigenen Königswürde zu gelangen, wenn diese Anteile innerhalb einer Person vorhanden und entwickelt sind.

Jetzt wird deutlich, dass es selbstverständlich in jeder gesunden Persönlichkeit auch abhängige Persönlichkeitsanteile geben muss, z. B. die weichen Anteile, die Liebesfähigkeit ausmachen: die Fähigkeit des tiefen Mitgefühls, der Wunsch, für andere zu sorgen sowie sich einlassen und fallen lassen zu können, sind für seelische Reife und ein glückliches Leben unverzichtbar.

Jeder, der in einer Beziehung lebt, ist auch abhängig, so wurde im Vorwort festgestellt. Er macht sich verletzbar und ist auf das positive Zusammenspiel aller Personen angewiesen, die an einer Gemeinschaft beteiligt sind.

Die Kunst, sich abhängig zu machen

Angst vor Abhängigkeit ist ein verbreitetes Phänomen, das sich gegenwärtig rasch verbreitet. Der Zeitpunkt für eine Eheschließung verlagert sich beispielsweise statistisch immer weiter in die Lebensmitte. Charaktereigenschaften wie Verlässlichkeit, Beständigkeit, Treue, Vertrauenswürdigkeit stehen der Selbstverwirklichung um jeden Preis immer öfter im Wege und scheinen daher nicht mehr unbedingt erstrebenswert.

So paradox es auf den ersten Blick erscheinen mag: Menschen mit abhängiger Persönlichkeitsstruktur müssen lernen, sich freiwillig abhängig zu machen. Das ängstliche Anklammern der *Gänsemagd* an den Partner ist aus der Not geboren. Sie *muss* sich abhängig machen, dies ist kein freiwilliger Akt. Zur reifen Partnerschaft gehört Autonomie, gehört das authentische Leben. Nur wer sein

Selbst gefunden hat, kann sich auf einen anderen einlassen, ohne sich selbst zu verlieren. Für Menschen mit einer abhängigen Persönlichkeitsstruktur wird dies eine bleibende Herausforderung. Die negativen abhängigen Muster, die so früh Bestandteile der Persönlichkeit wurden, sind prägend verankert.

Letztlich geht es nicht darum, alle abhängigen Persönlichkeitsmerkmale auszurotten, sondern die eigene Mitte zu finden. Vor allem geht es darum, authentisch man selbst zu werden, und das ist es, was es am Ende des Märchens zu feiern gilt.

Für Erich Fromm gehören zu einem authentischen Leben *Mut* und *Glauben*. Den abhängigen Zustand zu verlassen erfordert Mut. Jeder neue Entwicklungsschritt bedeutet, die früheren Verhältnisse mit ihren Scheinsicherheiten zu verlassen, dies ist beängstigend. Jeden Tag wird es darum gehen, neu geboren zu werden, die Wahrheit zu sagen, die eigene Wahrheit und zu ertragen, dass man in vielem ähnlich, aber auch in manchem anders ist als andere Menschen. Man darf sich auf das eigene Denken und Fühlen verlassen.

Werde, der du bist!

Zwei Dinge sollen Kinder
von ihren Eltern bekommen:
Wurzeln und Flügel
(Johann Wolfgang von Goethe)

Klarstellung

Frei nach dem Bibelwort, dass der Sohn oder die Tochter die Eltern verlassen wird und in die Welt, sprich in ein eigenes Leben geht, ist an dieser Stelle darauf hinzuweisen, dass es nicht darum geht, hilfsbedürftige Eltern im Stich zu lassen. Viel zu sehr werden in unserer Gesellschaft alte Menschen vernachlässigt. Die Situation in vielen Alten- und Pflegeheimen ist bedrückend und nicht selten skandalös. Generationen sind aufeinander angewiesen, und so ist es selbstverständlich, dass Jüngere Älteren helfen und dazu beitragen, dass ihr Lebensabend so angenehm wie möglich wird.

Wir erkannten, dass es destruktive Abhängigkeiten sind, die der Persönlichkeitsentwicklung im Wege stehen. Um alten Menschen helfen zu können, bedarf es einer Eigenständigkeit, insbesondere der Fähigkeit, sich abzugrenzen: »ja« und »nein« sagen zu können. Nur jemand, der dazu in der Lage ist, kann diese Aufgabe übernehmen. Menschen mit abhängiger Persönlichkeitsstruktur werden sich beispielsweise bei der Pflege aufopfern, als Spielball der Ansprüche letztlich krank werden. In solchen Fällen ist davon abzuraten, die Pflege zu übernehmen. Auch die Arbeit als Altenpflegerin oder Altenpfleger ist auf Dauer nicht zu leisten, wenn abhängige Persönlichkeitsmerkmale überwiegen.

4. Teil
Andere Formen des emotionalen Missbrauchs

Bisher stand der »Partnerersatz« als emotionaler Missbrauch im Vordergrund unserer Überlegungen. Andere Formen des emotionalen Missbrauchs in der Familie haben ähnliche, für die Persönlichkeitsentwicklung ebenfalls extrem nachteilige Konsequenzen. Sie werden im Folgenden beschrieben. Diese emotionalen Probleme können in einer Therapie nach ähnlichen Gesichtspunkten aufgelöst werden wie in der vorhergehenden Märchendeutung beschrieben.

Narzisstischer Missbrauch

In der Regel haben Eltern das Bedürfnis, ihre Kinder zu fördern. Dies ist natürlich und notwendig. Ihre Zuneigung drückt sich auch darin aus, dass sie ihre Kinder unterstützen und ihnen helfen, einen eigenen Weg zu finden. Eltern mit starken Minderwertigkeitsgefühlen bezüglich der eigenen beruflichen oder gesellschaftlichen Position geraten jedoch leicht in eine typische Falle. Nach der Devise »Wenn es mir schon selbst nicht möglich war, etwas zu erreichen, dann soll wenigstens mein Kind etwas (ganz) Besonderes werden« oder der bekannten Vorgabe »Es soll meinem Kind einmal besser ergehen als mir!« werden die wahren Bedürfnisse des Kindes völlig ignoriert: Sohn oder Tochter werden missbraucht! Der entscheidende Unterschied ist von außen häufig nicht leicht zu erkennen. Geht es den Eltern um die Bedürfnisse des Kindes oder um die eigenen? Wie sehr wird ihr Handeln von selbstsüchtigen Zielen bestimmt? Kinder haben feine Antennen für diese Unterschiede und spüren genau, was die Eltern wirklich wollen. Indem sie zu

Versagern werden, sabotieren sie die Absichten der Eltern. Unbewusst rächen sie sich mit dem eigenen Scheitern für den Betrug, der an ihnen begangen wird oder wurde. Auch sie werden die Wut, die eigentlich demjenigen, der missbraucht, dem Täter gelten sollte, gegen sich selbst richten.

Herr M. ist ein engagierter Patient. Nach kurzer Zeit hat er verschiedene Ämter in der therapeutischen Gemeinschaft übernommen. Suchtartig zieht er Posten und Aufgaben an sich, ohne seine wahren Bedürfnisse zu berücksichtigen.

In der Lebensgeschichte wird der narzisstische Missbrauch durch die Mutter deutlich: Als Kind wurde Herr M. von den hart arbeitenden Eltern oft allein gelassen. Zuwendung durch die Mutter erfuhr er in erster Linie durch Leistungskontrolle. Mit Strenge und Härte überprüfte sie schulische Aufgaben. Er sollte studieren und Lehrer werden, so der Wunsch der Mutter. Weil in ihrer Herkunftsfamilie ausschließlich der Bruder gefördert wurde, war es ihr nicht möglich, selbst eine qualifizierte Ausbildung zu absolvieren. Diese narzisstische Kränkung konnte sie nicht verarbeiten. Sie versuchte, die innere Wunde zu heilen, indem sie ihrem Sohn all das abverlangte, was sie für sich selbst gewünscht hatte. Somit fühlte der Sohn sich ständig zu enormen Leistungen angetrieben.

Herrn M.s Lebensweg war von verschiedenen Niederlagen gekennzeichnet. Alles, was er mit Mühe erarbeitete, zerstörte er letztlich wieder selbst. Er wurde suchtkrank und landete so immer wieder bei Tätigkeiten, die weit unter seinen Möglichkeiten lagen.

Menschen, die von ihren Eltern narzisstisch missbraucht wurden, übernehmen die »Antreiber«, insofern sie sich selbst antreiben. Weil es nicht gelang, Mutter oder Vater zufrieden zu stellen, bleiben sie chronisch unzufrieden mit sich. Sie tragen wie die früheren Täter jetzt selbst eine narzisstische Wunde in sich, die sie mit großer Wahrscheinlichkeit an die nächste Generation weitergeben.

Der Terror des Leids

Der Psychoanalytiker Ferenczi nannte eine Form des emotionalen Missbrauchs in der Familie den »Terror des Leids«. Was ist darunter zu verstehen? Die Krankheit oder großes Leid eines Erwachsenen in der Familie hat immer Auswirkungen auf das gesamte Familiensystem. Manchmal werden Kinder Opfer, weil der Schmerz und die Aggression über das Leid bei ihnen abgeladen wird. Schon ein kleines Kind kann zur willigen Pflegeperson für die kranke Mutter werden. Nicht selten geraten Kinder für die emotional gestörte Mutter bereits als Zehnjährige oder früher in die Rolle des Therapeuten. Sie sind kundige Gesprächspartner, helfen, wo sie können und übernehmen die Erziehung und Verantwortung für ihre kleineren Geschwister. Sie lernen auf die Bedürfnisse ihres Gegenüber zu achten, stellen ihre eigenen Gefühle zurück oder nehmen sie überhaupt nicht mehr wahr. Sie entwickeln eine »Opfer- und Helferidentität«. Sie fühlen sich nur wertvoll, wenn sie helfen können, weil sie nur als Helfer ihre Daseinsberechtigung erfahren haben.

Leid in der Familie kann terroristisch sein: Die Stimmung ist gedrückt, Fröhlichkeit und Ausgelassenheit werden wie ein schlimmes Vergehen bewertet. Freude wird als Gefühl blockiert. Nicht selten werden Kinder für Schmerzen und Leid verantwortlich gemacht:

- *Wenn ich dich abgetrieben hätte, hätte ich meine Karriere fortsetzen können und wäre heute in einer guten Position. Du bist schuld, dass es mir schlecht geht.*
- *Ich hätte deinen Vater nie heiraten dürfen, nur wegen dir bin ich bei ihm geblieben.*
- *Du warst mir immer ein Klotz am Bein, hast mir das ganze Leben »versaut«.*
- *Wenn ich mich schon damit abfinden muss, dass du da bist, dann solltest du zumindest versuchen, mein Leben so angenehm wie möglich zu machen.*

Das Selbstgefühl ist das Gefühl, welches ein Mensch für sich selbst hat: ein Gefühl, das ihn ständig begleitet, das manchmal schwankt, zu dem er jedoch immer wieder zurückkehrt. Es ist leicht zu verstehen, dass das Selbstgefühl von Kindern, die diese oder ähnliche Sätze hören müssen, gestört ist. Wenn sie das Klima einer Familie repräsentieren, sind sie Ausdruck von tiefer Lieblosigkeit und Hass.

Es ist davon auszugehen, dass Kinder sich unbewusst die Einstellungen und Haltungen ihrer Eltern zu Eigen machen und diese in ihre Seele eingehen[11]. Bei einigen Suchtkranken musste ich erkennen, dass sie eine starke selbstzerstörerische Energie in sich trugen: als sei ihnen der Befehl erteilt worden, sich selbst zu vernichten. Diese Energie war auch dann noch wirksam, als sie längst abstinent waren. Mithilfe des Suchtmittels hatten sie versucht, die negativen Energien zu mildern.

Ein Mechanismus, den viele Opfer des Terrors entwickeln müssen, wird als die »Identifikation mit dem Aggressor« bezeichnet. Die Angst ist so groß, dass der einzige Ausweg darin gesehen wird, sich zu unterwerfen, die eigene Person, den eigenen Willen aufzugeben und sich mit dem Aggressor zu identifizieren. Um psychisch zu überleben, werden sie dem Aggressor glauben, dass sie selbst schuldig und schlecht sind. Dies wirkt dann wie eine Erleichterung!

Eine gute Mutter, einen guten Vater zu haben erscheint viel wichtiger als die eigene Person. Kinder opfern für ihre Eltern das eigene Selbst, sie verbiegen sich, um ihnen zu gefallen (falsches Selbst). Wir sehen, wie die Königstochter im Märchen ohne Widerstand ihre Rolle aufgibt, zur minderwertigen *Gänsemagd* wird und der Kammerzofe (der Mutter) alles überlässt. Emotional missbrauchte Menschen, die dem *Terror des Leids* ausgesetzt waren, fühlen sich oft allein aufgrund ihres »Daseins« schuldig.

Während der Psychotherapie gilt es zu erkennen, dass hier negative »Zuweisungen« durch die Eltern übernommen wurden. Es zeigen sich viele Merkmale der abhängigen Persönlichkeitsstruktur wie wir sie bei der *Gänsemagd* herausarbeiteten. Für die Heilung gelten sehr ähnliche Prinzipien. Auch sie werden sich – bildlich ausgedrückt – in den Eisenofen begeben müssen, damit sie lernen, sich abzugrenzen – das eigene Ich entwickeln und ihre Opferidentität auflösen.

Die Bearbeitung von tiefen Hassgefühlen ist mitunter besonders schwierig. Brutale und grausame Handlungen, die an Körper und Seele vorgenommen wurden, erscheinen unverzeihlich. Psychodynamisch wird aus Hass immer Selbsthass. Hass ist immer auch eine Form der Abhängigkeit: Die Erinnerung bleibt, und immer wieder steigen die üblen Gefühle auf und vergiften die Stimmung, letztlich die Seele. Ob man will oder nicht, es bleibt eine emotionale Fixierung. Jeder Mensch, der an die gehasste Person erinnert, wird die alte Wunde wieder aufbrechen. Der Kontakt zu ihm wird immer schwierig bleiben.

Meine Mutter, die mir so viel angetan hat, ist mir völlig gleichgültig, so die Äußerung eines Patienten. Und weiter äußerte er: *Sie könnte neben mir sterben, es wäre mir völlig gleichgültig.* Seine Worte waren voller Hass und Verachtung. Wirklich frei ist nur der, der Verzeihen gelernt hat. Dies ist oft nur mit psychotherapeutischer Hilfe möglich.

Sexueller Missbrauch in der Familie

Eine dramatische Form von Ausbeutung ist sexueller Missbrauch, der hier nur kurz erwähnt werden kann. Die Folgen für die Seele sind ähnlich, jedoch meist einschneidender als dies beim emotionalen Missbrauch der Fall ist. Die körperliche und seelische Integrität wurde verletzt. Erfolgt der sexuelle Missbrauch durch nahe Verwandte – Vater, Mutter, Geschwister – sind die Folgen meist schwer wiegender, als wenn der Täter in größerer Distanz zum Opfer steht. Hier begeht derjenige, der für Liebe zuständig ist, den Verrat. Die Folge für viele Betroffene ist, dass sich immer dann, wenn Partner-Beziehungen enger werden, sexuelle Störungen in Form von Angst, Ekel, Frigidität etc. einstellen.

Das Drama des sexuellen Missbrauchs spiegelt sich in dem Grimm'schen Märchen *Allerleirauh*[12]. Die Opfer zeigen oft eine typische Opferidentität mit psychischen Beeinträchtigungen, entwickeln psychosomatische Störungen und werden nicht selten suizidal.

Die Kindesmisshandlung

Kindesmisshandlung ist eine Form der emotionalen Ausbeutung, die in allen gesellschaftlichen Schichten wesentlich häufiger als allgemein angenommen vorkommt. Eltern, die ihre Kinder misshandeln, sind meist selbst Opfer exzessiver Gewalt oder extremer Abwertungen und Verletzungen durch ihre Eltern. Sie tragen eine Wunde in sich, die nicht heilen will. Verstehen lässt sich Kindesmisshandlung am ehesten so, dass Eltern ihre eigenen verletzten Anteile auf das Kind projizieren und sie dort bekämpfen. Sie versuchen sich zu erleichtern, indem sie ihren Selbsthass am eigenen Kind abreagieren.

Ähnlich wie bei sexuellem Missbrauch sieht sich das misshandelte Kind einer körperlichen Übermacht durch einen Elternteil gegenüber, der es hilflos ausgeliefert ist. Oft sind es geringfügige oder gesuchte Anlässe, die zum Ausleben unkontrollierter Wut- und Hassgefühle in Form körperlicher und seelischer Gewalt führen. Misshandler rechtfertigen ihre Gewalttätigkeit mit fadenscheinigen Argumenten. Nicht selten ist ein »Kontrollverlust« zu erkennen. Der Misshandelnde schlägt blind und ohne Selbstkontrolle auf sein Opfer ein, das dann tatsächlich Todesangst durchlebt. Kinder *dissoziieren,* d. h., sie trennen sich von der Realität und »schalten« ihre Gefühle »ab«. Sie verlassen förmlich ihren Körper und verspüren so Angst und Schmerz nicht mehr. Die Seele wird zerschlagen und die Folgen sind für viele fatal und lebensbestimmend. Solche Kinder tragen fortan eine ähnliche Wunde in sich wie der Misshandler und werden nach »Ventilen« suchen, um sich zu erleichtern.

Eine Möglichkeit, die grausamen Erfahrungen (scheinbar) zu bewältigen, besteht wiederum in der Identifikation mit dem Aggressor: Das misshandelte Kind gelangt selbst zu der Überzeugung, Strafe verdient zu haben, weil es schlecht ist. Es identifiziert sich mit dem Täter und nimmt die Wut und den Hass, die der Täter gegen sein Opfer richtet, förmlich in sich auf. Letztlich ist es der Hass des Täters gegen sich selbst, der dem Kind hier eingepflanzt wird.

Oft bleibt bei den Opfern ein tiefer Hass auf ihre Peiniger, die sie nicht loslassen können. Auch hier ist eine Form emotionaler Abhängigkeit zu erkennen.

Anhang

Die Suchtkrankheit

Mehr als ein Drittel aller Suchtkranken leidet an einer abhängigen Persönlichkeitsstörung. Sie werden sich in der Interpretation des Märchens *Die Gänsemagd* häufig wiedererkennen. Die Suchtkrankheit kann auch als »Abhängigkeitskrankheit« bezeichnet werden. Die Frage lautet, wovon Suchtkranke eigentlich unabhängig werden müssten. In aller Regel reicht es nicht aus, nur von Alkohol, Medikamenten oder Drogen abstinent zu werden.

Sucht kommt von Siechen, und so ist auch diese Krankheit zu verstehen: als existenzielle körperliche und seelische Krise, die unbehandelt zum Tode führt. Der größte Feind des Suchtkranken ist die Verleugnung. Er kann zunächst nicht glauben, dass er suchtkrank sein soll. Der Irrglaube, kontrolliert trinken zu können, lässt ihn immer wieder rückfällig werden.

An dieser Stelle wird vorausgesetzt, dass der Leser den typischen Krankheitsverlauf der Suchtkrankheit kennt. Anderenfalls kann er in den einschlägigen Informationsschriften, etwa in der Suchtfibel,[13] nachgelesen werden.

Da Menschen mit einer abhängigen Persönlichkeitsstörung angepasst sind, lassen sie sich leichter davon überzeugen, dass sie suchtkrank sind. Sie fühlen sich tief schuldig und sehen ihr »Versagen« ein.

Im Folgenden wird der Focus auf Sucht und abhängige Persönlichkeitsstörung gelegt.

Nachdem wir die typischen Probleme dieser Störung herausgearbeitet haben, wird erkennbar, welche Funktion das Suchtmittel für sie hat. Die Frage lautet also: Welche Probleme werden typischerweise mit der Droge bekämpft?

- Übertriebene Opferbereitschaft ist verbunden mit der mangelhaften Fähigkeit, eigene Bedürfnisse zu befriedigen. Da Zufriedenheit nicht auf direkte Weise herzustellen ist, wird z. B. Alkohol eingesetzt, um diese Lücke zu schließen.

- Die Unfähigkeit, sich abzugrenzen und Ärgergefühle angemessen zum Ausdruck zu bringen, verursacht Groll, der mit Suchtmitteln bekämpft wird. Wutgefühle werden »geschluckt« bis sie unerträglich sind und z. B. mit Alkohol aufgelöst werden.

- Konfliktvermeiden führt zu wirklichen Nachteilen und zu Selbstabwertung. Die damit verbundenen negativen Gefühle werden mit Suchtmitteln bekämpft (statt eine Problemlösung herbeizuführen werden Alkohol oder sonstige Beruhigungsmittel konsumiert).

- »Giftige«, schädliche Beziehungen werden nicht beendet. Die Wut über Abwertungen, Missachtung, Demütigung wird mit einem Suchtmittel kompensiert.

- Minderwertigkeitsgefühle und Ängste werden mit Suchtmitteln bekämpft. Betroffene fühlen sich zunächst gestärkt und selbstsicherer (im weiteren Verlauf der Krankheitsentwicklung wird der exzessive Suchtmittelkonsum Ängste und Selbstunsicherheit massiv verstärken).

- Selbsthass, Groll, Sinnleere, Unzufriedenheit sollen mit Suchtmitteln vermindert werden.

Die Behandlung der Suchtkrankheit bleibt ohne die Behandlung der (abhängigen) Persönlichkeitsstörung unvollkommen. Der Suchtkranke hat demzufolge zwei Probleme: Zunächst geht es um die chronische Krankheit »Sucht« und zum anderen um eine mehr oder weniger starke abhängige Persönlichkeitsstörung, die behandelt werden sollte. In aller Regel ist es nicht ausreichend, nur den Konsum von Drogen einzustellen. Erst die Bearbeitung der Hintergründe der Suchtkrankheit, nämlich der abhängigen Persönlichkeitsstruktur führt zu einer sinnvollen Lösung. Hierzu wurden bei der Märchendeutung einschlägige Vorschläge gemacht.

Die Co-Abhängigkeit

Bei den Angehörigen Suchtkranker findet sich besonders häufig eine abhängige Persönlichkeitsstruktur. Dies ist kein Zufall. Der emotionale Missbrauch, den sie bereits als Kind erleben mussten, macht sie zu »passenden« Partnern, die sich ausbeuten lassen.

Oft waren schon die Eltern oder andere Familienmitglieder von Co-Abhängigen suchtkrank. Schon kleine Kinder können co-abhängig werden. Vieles, was in dem Abschnitt *Der Terror des Leids* zu finden ist, trifft auf diese Menschen zu. Da sie die Eltern nicht retten konnten, versuchen sie später suchtkranke Partner zu retten.

Die Angehörigen von Suchtkranken werden, ob sie wollen oder nicht, in eine Co-Abhängigkeit hineingezogen. Im Folgenden wird untersucht, wie es zu dieser Krankheit kommt und was es zur Lösung dieser existenziellen Problematik bedarf.

Um diese Krankheit besser zu verstehen, werden wir uns in die Rolle eines Menschen hineinfühlen, der als Partner, Elternteil oder Kind an der Seite eines Suchtkranken leben muss:

Wenn jemand beispielsweise zu viel Alkohol trinkt, dann löst dies im Gegenüber verschiedene negative Gefühle aus. Wenn deutlich wird, dass jemand zunehmend dem Suchtmittel verfällt, verstärken sich diese Gefühle. Natürlich ist, dass starke Wut- und Ärgergefühle entstehen und entsprechend Vorwürfe gemacht werden, was selbstverständlich wiederum mit Streit einhergeht. Vor allem wird der Angehörige jedoch Angst bekommen: Angst, dass der Arbeitsplatz verloren geht, dass Verkehrsdelikte begangen werden, dass die Nachbarn reden, dass die Gesundheit Schaden nimmt, dass die Kinder unter dem unberechenbaren Partner leiden usw...

Eine natürliche Reaktion des Angehörigen ist sein Bemühen, die immer größer werdende Unsicherheit in der Familie auszugleichen. Er wird versuchen, dem Suchtkranken zu helfen. Er wird ihn etwa beim Arbeitgeber entschuldigen, bei Freunden, Verwandten und Bekannten sein Fehlverhalten decken etc.... Der Co-Abhängige wird versuchen, den Süchtigen mit moralischen Vorhaltungen zu bessern. Er reagiert mit Liebesentzug, verweigert Sex, schüttet den Alkohol fort oder versteckt ihn, kontrolliert und steuert die finanziellen Mittel... Die Maßnahmen, den trinkenden Partner vom Alkohol fernzuhalten, sind meist ebenso erfinderisch wie die des Süchtigen, trotz aller Kontrolle an Alkohol zu kommen. Co-Abhängige bitten und betteln, schimpfen und toben, weinen und klagen, verlassen den Süchtigen und kehren wieder zu ihm zurück, versuchen ihn zu besänftigen und versuchen ihn mit Liebe zu heilen. Alle diese Maßnahmen werden nicht zu einer Verbesserung, sondern letztlich zu einer Verschlimmerung der Suchtkrankheit führen. Der Suchtkranke reagiert trotzig auf jede Form von emotionalem Druck und hat hier lediglich einen weiteren Grund gefunden, Suchtmittel zu konsumieren.

Helfen – ein »Suchtmittel«

Zum Verständnis der Co-Abhängigkeit ist es erforderlich, das gesamte Verhalten des Angehörigen als Versuch zu verstehen, dem Suchtkranken zu helfen. Auch wenn diese Maßnahmen Vorwürfe, Ablehnung, Aggression, Kontaktabbruch etc. beinhalten, haben sie nur ein Ziel, den Süchtigen zu bessern. Allein dies ist nicht möglich, weil Sucht immer stärker ist als jede Beziehung, Sucht ist eine Krankheit. Der Co-Abhängige will nicht nur dem Suchtkranken helfen, sondern auch sich selbst. Sein Leben wird immer unsicherer, er läuft Gefahr, mit in den Sog zu geraten, und dies ist ja auch tatsächlich der Fall: eventuell wachsen die Schulden; die soziale Sicherheit wird durch Arbeitslosigkeit oder auch Konflikte mit den Ordnungsbehörden, etwa wegen begangener Verkehrsdelikte, bedroht. Zunehmend gerät der Co-Abhängige in die dominante Rolle, alles alleine aufrecht zu halten. Er gerät in den Zwang, helfen zu müssen. Helfen wird sein Mittel, sich gegen zunehmende Angst und Unsicherheit zu wehren. Während der Süchtige gegen seine Probleme Alkohol bzw. andere Suchtmittel einsetzt, setzt der Co-Abhängige seine Hilfsbereitschaft ein. Er versucht Sicherheit für sich und andere darüber herzustellen, dass er perfekt funktioniert und insgesamt die Verantwortung übernimmt. Genau wie Alkohol als Problemlöser völlig untauglich ist, muss dies auch für das Helfen des Co-Abhängigen behauptet werden. Es verschafft dem Suchtkranken die notwendige Basis, um sein Suchtverhalten fortzusetzen. Demzufolge verstärkt dieses Helferverhalten das Suchtverhalten und bewirkt genau das Gegenteil dessen, was erreicht werden soll. Der Teufelskreis ist jetzt leicht zu erkennen. Genau wie der Süchtige, um seine Entzugserscheinungen zu dämpfen, immer mehr des Suchtmittels benötigt, wird der Co-Abhängige immer mehr »Helfen« einsetzen müssen, um Sicherheit herzustellen. Genau wie der Süchtige die Kontrolle über sein Suchtmittel verliert und »Kontrollverlust« das zentrale Merkmal seiner Krankheit ist, ist der *Zwang zum Helfen (Kontrollverlust)* oder *die Unfähigkeit, mit Helfen aufhören zu können,* das zentrale Merkmal der Co-Abhängigkeit. In diesem Sinne wird der Co-Abhängige ebenfalls suchtkrank. Auch er befindet sich in einem extrem destruktiven Teufelskreis, den er allein nicht zu durchbrechen vermag.

Während der Familienseminare, die ich regelmäßig mit den Angehörigen Suchtkranker durchführe, ist eine meiner ersten Fragen: Wie viele Stunden des Tages haben Sie an Ihren suchtkranken Partner gedacht? Nach unterschiedlich langem Zögern kommen dann meist Antworten wie: *Ca. dreizehn, vierzehn, manchmal sechzehn Stunden, eigentlich solange ich wach war. Mein ganzes Denken drehte sich nur darum, welche Katastrophe als Nächstes passieren würde. Ich lebte in ständiger Angst, konnte oft nicht schlafen und fühlte mich völlig ausgelaugt.*

Die emotionale Ausbeutung, die Co-Abhängige erleben, ist nicht selten äußerst brutal. Sie werden beschimpft, misshandelt, materiell ruiniert, schikaniert und gequält. Selbstverständlich leidet ihre Persönlichkeit unter dem Terror des Suchtkranken. Der psychische Apparat ist einer Dauerüberforderung ausgesetzt, und trotzdem ist der Co-Ahängige nicht in der Lage, die Beziehung zu beenden.[14]

Immer dann, wenn der Süchtige spürt, dass das Maß voll ist und der Co-Abhängige endlich bereit ist, etwas Entscheidendes zu tun, beispielsweise den Suchtkranken zu verlassen oder die Scheidung einzureichen, wird Letzterer sich enorm anstrengen und sein Suchtverhalten zumindest für eine Zeit aufgeben. Alle in der Familie schöpfen nun wieder Hoffnung, der Co-Abhängige ist erleichtert; denn endlich scheinen seine Bemühungen und sein gesamtes Helferverhalten sich auszuzahlen. Während dieser Phase wirkt der Betroffene einsichtig, er zeigt Reue bezüglich seiner Eskapaden. Allmählich wird der Co-Abhängige beginnen, sich auch emotional wieder auf ihn einzulassen. Er möchte dem »Gestrauchelten« wieder vertrauen und verzeihen. Seine Sehnsucht nach einer intakten Beziehung zu ihm ist groß, und so lässt er sich beispielsweise in der Rolle des Partners auch wieder auf sexuelle Kontakte ein; oder ein Kind will endlich wieder einen Vater oder eine Mutter haben, den oder die es lieben kann. Sobald der Süchtige jedoch die Zuwendung des Angehörigen spürt, er sich der Beziehung wieder sicher ist, wird er sein Suchtverhalten erneut steigern. Er wird alles nachholen müssen, da sich inzwischen ein enormer Suchtdruck angestaut hat. Nach der Phase eines relativ geringen Suchtmittelkonsums kommt meist der dramatische »Absturz«.

Wieder ist der Angehörige enttäuscht, da seine Hoffnungen zerstört wurden, seine Zuneigung verraten wurde. Sein eigenes Ich zerbricht immer mehr. Er ist dem Terror immer weiter ausgeliefert, etwa wie jemand, der sein Leben im KZ fristen muss oder in einer Sekte tyrannisiert wird. Seine Persönlichkeit wird zerbrechen müssen. Viele Angehörige werden bitter und hart. Sie haben sich von ihren »weichen« Gefühlen getrennt und damit ihre Liebesfähigkeit mehr oder weniger verloren.

Häufig richten Angehörige ihre ohnmächtige Wut gegen sich selbst, weil sie sich das Verhalten des Suchtkranken bieten lassen. Sie verlieren ihre Selbstachtung. Manche werden fatalistisch und beginnen, sich selbst zu vernachlässigen. Andere greifen zu Suchtmitteln und werden ebenfalls süchtig. Unweigerlich wird die dauernde Belastung zu emotionalen Störungen wie verstärkter Angst, Panikanfällen, Depression etc. führen. Körperliche Symptome wie Migräne, Bandscheibenbeschwerden, Herzerkrankungen, Magenbeschwerden sind typische Reaktionen auf diese Dauerüberforderung. Millionen Co-Abhängige suchen Ärzte und Fachärzte auf, um Linderung für ihre psychosomatischen Beschwerden zu erlangen. Selten wird die wahre Ursache für die vielfältigen Leiden verantwortlich gemacht. Aus Scham verheimlichen die Co-Abhängigen ihre Sorgen und Belastungen. Wirkliche Hilfe ist demzufolge nicht in Sicht.

Entlastend für den Co-Abhängigen ist, wenn ihm ein Lebensbereich erhalten bleibt, der von dem Süchtigen relativ getrennt ist. Der Beruf kann eine vergleichbar ruhige Insel sein, die positive Aspekte vermittelt und emotionalen Halt gibt. Die Hinwendung zu den Kindern, die dann oft eine typische Partnerersatzrolle einnehmen, ist ebenfalls Halt gebend. Allerdings sehen wir hier den Teufelskreis, der weiter oben ausführlich beschrieben wurde, geschlossen.

In einer extrem schwierigen Lage befinden sich die Menschen, die nur die Sorge um den Süchtigen haben und sonst nichts mehr, was ihnen Halt geben könnte. Dies wird der Süchtige intuitiv wahrnehmen und auf brutale Weise ausnutzen müssen. Zur Suchtkrankheit gehört im weiter fortgeschrittenen Stadium häufig eine deutliche Verrohung und ein moralischer Verfall. Dies bedeutet, dass das Leid und die Gefühle anderer völlig gleichgültig werden. Eventuell gerät der Co-Abhängige in eine regelrechte Hörigkeit, insofern sein Wille völlig gebrochen ist und er sklavisch alle Befehle des Süchtigen ausführen muss. Die Selbstaufgabe birgt dramatische Folgen für die Persönlichkeit. Vernachlässigung der eigenen Angelegenheiten, z. B. der Körperpflege, Ausweichen vor jeglichen Konflikten sowie emotionale und soziale Verwahrlosung sind die Folge.

Angehörige, die dem Süchtigen immer mehr Verantwortung abgenommen haben, entwickeln in aller Regel starke Schuldgefühle, weil es ihnen nicht gelingt, die Sucht unter Kontrolle zu bringen. Sie leiden unter starken Ängsten, dass dem Süchtigen etwas passieren könne, die Verantwortung jedoch bei ihnen liege.

Die Behandlung der Co-Abhängigkeit

Die Behandlung der Co-Abhängigkeit ist meist schwierig. Während für Suchtkranke aufwändige ambulante und stationäre Hilfe- und Therapiemöglichkeiten vorhanden sind, ist dies für Co-Abhängige längst nicht der Fall. Dabei benötigen sie ähnlich intensive und längerfristige Maßnahmen sowie Psychotherapie. Die Schwierigkeit besteht zu Beginn zunächst darin, Co-Abhängigen zu einer realistischen Einschätzung ihrer Situation zu verhelfen. Ihr Blickwinkel richtet sich immer wieder nur darauf, dass der Süchtige Hilfe braucht. Wenn er mit dem Suchtmittelkonsum aufhört, sind alle Probleme verschwunden – so die fälschliche Annahme. Co-Abhängige glauben zunächst nicht, dass sie selbst hilfsbedürftig sind.

Die Behandlung der Co-Abhängigkeit kann nach ähnlichen Gesichtspunkten erfolgen wie bei der Suchtkrankheit.

Der erste Schritt ist immer Aufklärung – über die Suchtkrankheit und über die Co-Abhängigkeit. Auch der Co-Abhängige muss krankheitseinsichtig werden, bezüglich seines Helfens und der Unfähigkeit, damit aufzuhören.

Damit Suchtkranke überhaupt fähig werden, den Suchtmittelkonsum zu beenden, ist meistens eine stationäre Entgiftungsbehandlung erforderlich. Mithilfe von Medikamenten (z. B. Distraneurin) werden die Entzugserscheinungen gedämpft. Auch der Co-Abhängige muss in gewissem Sinne abstinent werden – abstinent von seinem Helferverhalten. Dies ist mit großer Angst verbunden. Erst wenn der Suchtkranke sich endlich in einer stationären Entwöhnungsbehandlung befindet, kann der Co-Abhängige sich entlastet fühlen, weil er nicht mehr verantwortlich ist.

Das co-abhängige Muster seines Verhaltens hat sich tief in seine Persönlichkeit »eingegraben«. Es ist zu einem Bestandteil seines Denkens und Fühlens geworden. Auch wenn der Süchtige längst abstinent lebt, bleibt beim Co-Abhängigen die (sehr verständliche) Angst vor Rückfälligkeit. Auch jetzt ist der Co-Abhängige in einer äußerst schwierigen Situation. Kann er dem Suchtkranken trauen? Bildlich ausgedrückt ist dies so, als steige er zu jemandem als Beifahrer ins Auto, der zuvor immer gegen einen Baum gefahren ist. Er ist ausgeliefert und darauf angewiesen, dass dies nicht mehr passiert. Würde er selbst das Steuer in der Hand halten, wäre seine Angst gering. So ist die Tendenz der Co-Abhängigen, das Lenkrad für den Süchtigen weiterhin selbst in der Hand zu halten, zu verstehen. Meist führt dies zu typischen Konflikten, insbesondere zu Suchtmittelrückfällen, ausgelöst durch Trotz.

Die Behandlung der Co-Abhängigkeit bezieht sich auf drei Problembereiche, die eng miteinander verbunden sind:

1. Den Süchtigen loslassen

Das erste Problem, welches sich dem Co-Abhängigen stellt, ist die Notwendigkeit, den Süchtigen »loszulassen«. Dies gilt besonders, wenn der Süchtige den Suchtmittelkonsum nicht einstellt. Um dies zu erreichen, ist es oft notwendig, dass der Co-Abhängige den Süchtigen verlässt.[15] Dies wird ihm ohne Unterstützung, etwa durch eine Selbsthilfegruppe oder Suchtberatungsstelle, meist nicht gelingen. Loslassen bedeutet auch, dem Süchtigen nicht mehr zu helfen, sondern ihm die Verantwortung für sein Leben selbst zu überlassen.

2. Das Trauma der Co-Abhängigkeit bearbeiten

Die Sucht hat bei dem Co-Abhängigen tiefe Wunden geschlagen, die heilen wollen. Er hat wie oben beschrieben durch den Terror der Krankheit eine Persönlichkeitsveränderung erfahren. Unweigerlich hat seine Liebesfähigkeit Schaden genommen, er ist bitter und hart oder ängstlich, unsicher und krank geworden. Dies will verstanden und betrauert werden.

Ein entscheidender Schritt ist, sich selbst zu verzeihen, co-abhängig geworden zu sein. Dieser Prozess dauert meist längere Zeit. Schließlich muss er auch dem Süchtigen, der die eigene Krankheit sowie die Co-Abhängigkeit letztlich ungewollt verursachte, verzeihen.

3. Die Hintergründe der Co-Abhängigkeit verstehen und bearbeiten

So wie die Suchtkrankheit niemals zufällig entsteht, muss dies auch für Co-Abhängigkeit angenommen werden. Die Wurzeln der Co-Abhängigkeit reichen meist bis in die Kindheit zurück. Der emotionale Missbrauch durch die Eltern und die sich daraus entwickelnde abhängige Persönlichkeitsstörung lässt sich bei vielen Co-Abhängigen erkennen.

Oft war ein Mitglied der Herkunftsfamilie suchtkrank – Vater oder Mutter, den/die man nicht retten konnte. Jetzt hat man einen Partner gefunden, den man stellvertretend retten will.

Eltern von suchtkranken Kindern erkennen bei der Bearbeitung der Hintergründe eventuell den emotionalen Missbrauch darin, dass sie »ihr Kind« viel zu sehr behüteten. Oder aber sie erkennen, dass sie ihrem Kind nicht genügend Liebe schenken konnten, weil sie sich selbst nicht lieben konnten. Für sie ist es von Bedeutung, die eigenen Defizite zu verstehen und psychotherapeutisch zu bearbeiten.

Vieles, was für die Erlösung der *Gänsemagd* im Märchen herausgearbeitet wurde, gilt gleichzeitig für die Bearbeitung der Co-Abhängigkeit. Der Co-Abhängige muss zu seiner ohnmächtigen Wut, die er unterdrückte, Zugang finden. Auch er muss, um zu trauern und zu lernen, sich abzugrenzen, ein unabhängiges Leben mit eigenen Interessen und Bedürfnissen zu führen, in den »Eisenofen«.

Suchtkrankheit und Co-Abhängigkeit sind äußerst schmerzhafte Hinweise der Seele, dass ein Nachreifungsprozess erforderlich ist. Daraus können sich lebenslängliche Lernaufgaben ergeben, mit dem lohnenden Ziel zu mehr Beziehungsfähigkeit, Liebesfähigkeit und Glück zu gelangen.

Fragebogen zum emotionalen Missbrauch

1. Wurden Sie von einem Elternteil gegen das andere vereinnahmt? .... **Ja** ☐

2. Hatten oder haben Sie ein *gespaltenes Elternbild* – gute Mutter – böser Vater? – oder umgekehrt – guter Vater – böse Mutter? .... **Ja** ☐

3. Wurden Sie von einem Elternteil (oder von beiden Elternteilen) verwöhnt? .... **Ja** ☐

4. Haben Sie einen dominanten Partner? .... **Ja** ☐

5. Erwarten Sie von Ihrem Partner, dass er Sie verwöhnt? .... **Ja** ☐

6. Waren Sie viel zu früh, z. B. als Kind, erwachsener Gesprächspartner für einen Elternteil? .... **Ja** ☐

7. War die Beziehung Ihrer Eltern zueinander schwierig oder gestört? .... **Ja** ☐

8. Waren Sie für einen Elternteil Partnerersatz? .... **Ja** ☐

9. War die Familie in zwei Lager geteilt – z. B. Vater/Tochter andererseits Mutter/Sohn? .... **Ja** ☐

10. Reagierte Ihr Vater oder Ihre Mutter mit starker Eifersucht, als Sie das Elternhaus verließen bzw. verlassen wollten? .... **Ja** ☐

11. Haben Sie das Gefühl, dass Ihre Mutter oder Ihr Vater eifersüchtig auf Ihr Leben ist/war .... **Ja** ☐

12. Möchte Ihre Mutter oder Ihr Vater Ihr Leben bestimmen? .... **Ja** ☐

13. Möchte Ihr Vater oder Ihre Mutter Ihr Leben mitleben (oder wollte dies früher)? .... **Ja** ☐

14. Haben Sie Schuldgefühle Ihren Eltern gegenüber? .... **Ja** ☐

15. Fühlen Sie sich Ihrer Mutter oder Ihrem Vater verpflichtet und tun deswegen zu oft Dinge, die Sie eigentlich nicht tun wollen? .... **Ja** ☐

16. Wurde auf Ihre Partnerwahl massiv Einfluss genommen (mit oder ohne Erfolg)? .... **Ja** ☐

17. Sind Sie die alleinige und wichtigste Bezugsperson für Ihren Vater oder Ihre Mutter? .... Ja ☐

18. Fühlen Sie sich von Ihrem Vater oder Ihrer Mutter ausgenutzt? .... Ja ☐

19. Stehen Sie zwischen Ihrem/er Partner/in und einem Elternteil, der Sie nicht loslassen kann? .... Ja ☐

20. Wurden Ihnen auch als Erwachsene/m von einem Elternteil Vorwürfe gemacht? .... Ja ☐

21. Fühlen Sie sich immer noch von einem Elternteil abhängig? .... Ja ☐

22. Haben Sie manchmal starke Wutgefühle auf sich selbst? .... Ja ☐

23. Beobachten Sie, dass Sie sich mitunter selbst in Gedanken erniedrigen? .... Ja ☐

24. Fühlen Sie sich öfter innerlich gefangen oder unfrei? .... Ja ☐

25. Geraten Sie leicht in die Rolle, sich für andere zu opfern? .... Ja ☐

26. Sind Sie ein Mensch, der sich leicht Schuldgefühle machen lässt? .... Ja ☐

27. Sind Sie leicht mit Schuldgefühlen manipulierbar? .... Ja ☐

28. Beobachten Sie manchmal Leere und Langeweile? .... Ja ☐

29. Fühlen Sie sich nach dem Besuch bei einem Elternteil häufig schlecht? .... Ja ☐

30. Hegen Sie starke Wutgefühle/Hassgefühle gegen einen Elternteil? .... Ja ☐

31. Waren Sie öfter Sündenbock in der Familie? .... Ja ☐

32. Waren Sie bei Ihrer Geburt unerwünscht? .... Ja ☐

33. Wurden Sie von einem Elternteil abgelehnt? .... Ja ☐

34. Wurden Sie manchmal grundlos gezüchtigt? .... Ja ☐

35. Hatten Ihre Eltern hohe Erwartungen an Ihre berufliche Zukunft? .... Ja ☐

36. Waren Ihre Eltern sehr enttäuscht, wenn Sie angestrebte Ziele nicht verwirklichten? .... Ja ☐

37. Suchte ein Elternteil Gründe, um Sie zu züchtigen? .... Ja ☐

Je mehr Fragen Sie mit »stimmt« beantworten, desto wahrscheinlicher ist es, dass emotionaler Missbrauch stattfand. Der Fragebogen verhilft nur dazu, einen ersten Überblick zu gewinnen.

Der erste Teil der Fragen bezieht sich auf das Thema »Partnerersatz« (Frage 1–20);

der zweite Teil bezieht sich auf die emotionale Abhängigkeit von den Eltern (Frage 21–31);

die letzten Fragen beziehen sich auf »Terror des Leids«, »narzisstischen Missbrauch« und »Misshandlung« (Frage 32–39).

Diagnostische Kriterien DSM IV und ICD

Im DSM-IV (Diagnostic and Statistical Manual of Mental Disorders), einem Manual zur Diagnose psychischer Störungen, wurden folgende diagnostische Kriterien für die dependente (abhängige) Persönlichkeitsstörung entwickelt:

Ein tief greifendes und überstarkes Bedürfnis, versorgt zu werden, das zu unterwürfigem und anklammerndem Verhalten und Trennungsängsten führt. Der Beginn liegt im frühen Erwachsenenalter und die Störung zeigt sich in verschiedenen Situationen.

Mindestens 5 der folgenden Kriterien müssen erfüllt sein:

1. hat Schwierigkeiten, alltägliche Entscheidungen zu treffen, ohne ausgiebig den Rat und die Bestätigung anderer einzuholen,
2. benötigt andere, damit diese die Verantwortung für seine/ihre wichtigsten Lebensbereiche übernehmen,
3. hat Schwierigkeiten, anderen Menschen gegenüber eine andere Meinung zu vertreten, aus Angst, Unterstützung und Zustimmung zu verlieren. Beachte: hier bleiben realistische Ängste vor Bestrafung unberücksichtigt,
4. hat Schwierigkeiten, Unternehmungen selbst zu beginnen oder Dinge unabhängig durchzuführen (eher aufgrund von mangelndem Vertrauen in die eigene Urteilskraft oder die eigenen Fähigkeiten als aus mangelnder Motivation oder Tatkraft),
5. tut alles Erdenkliche, um die Zuwendung anderer zu erhalten, bis hin zur freiwilligen Übernahme unangenehmer Tätigkeiten,
6. fühlt sich alleine unwohl oder hilflos aus übertriebener Angst, nicht für sich selbst sorgen zu können,
7. sucht dringend eine andere Beziehung als Quelle der Fürsorge und Unterstützung, wenn eine enge Beziehung endet,
8. ist in unrealistischer Weise von Ängsten eingenommen, verlassen zu werden und für sich selbst sorgen zu müssen.

Ein weiteres gültiges System klinischer diagnostischer Leitlinien sind die ICD-10 Skalen (Internationale Klassifikation psychischer Störungen). Herausgeber ist die Weltgesundheitsorganisation.

Unter **F 60.7** ist die **abhängige (asthenische) Persönlichkeitsstörung** ähnlich beschrieben:

Persönlichkeitsstörung mit folgenden Merkmalen:

- Überlassung der Verantwortung für wichtige Bereiche des eigenen Lebens an andere.
- Unterordnung eigener Bedürfnisse unter die anderer Personen, zu denen eine Abhängigkeit besteht, und unverhältnismäßige Nachgiebigkeit gegenüber den Wünschen anderer.
- Mangelnde Bereitschaft zur Äußerung angemessener Ansprüche gegenüber Personen, zu denen eine Abhängigkeit besteht.
- Selbstwahrnehmung als hilflos, inkompetent und schwach.
- Häufige Ängste vor Verlassenwerden und ständiges Bedürfnis, sich des Gegenteils zu versichern; beim Alleinsein sehr unbehagliches Gefühl.
- Erleben von innerer Zerstörtheit und Hilflosigkeit bei der Beendigung einer engen Beziehung.
- Bei Missgeschick neigen diese Personen dazu, die Verantwortung anderen zuzuschieben.

Anmerkungen

1 Schon *Freud* analysierte dieses Phänomen bei seinen Patienten und nannte es den *Ödipus*-Komplex, nach der alten griechischen Sage vom König Ödipus, der seine Mutter heiratete und seinen Vater tötete.

2 In Selbsthilfegruppen für Suchtkranke hört man des Öfteren den Satz: *Hinter jedem Alkoholiker steht eine Mutter, die nicht loslässt.* In der Absolutheit ist diese Aussage natürlich falsch. Oft ist sie jedoch auch zutreffend.

3 *Übertragung* nennt man den Prozess in der psychoanalytischen Therapie, dem die Beobachtung zugrunde liegt, dass Patienten dazu tendieren, die primären Beziehungen zu Mutter oder Vater auf den Therapeuten zu übertragen.

4 Vgl. Fromm, E.: Authentisch leben. Herder: Freiburg i. Br., 2000, S. 64.

5 Vgl. Röhr, H. P.: Weg aus den Chaos – Das Hans-mein-Igelsyndrom oder die Borderlinestörung verstehen. Walter: Düsseldorf, 1996.

6 Diese Übung habe ich in Anlehnung an einen Vorschlag von Antony de Mello entwickelt, der auch empfiehlt, sich öfter vorzustellen, auf dem eigenen Totenbett zu liegen und aus dieser Warte das Leben zu betrachten. Die Dinge relativieren sich dann schnell und werden auf die wirkliche Bedeutung zurückgeschraubt. Vgl. De Mello, A.: Der springende Punkt. Herder: Freiburg i. Br., 1994.

7 Ich kenne viele Suchtkranke, die den Jahrestag ihrer Abstinenz von Suchtmitteln wie einen Geburtstag feiern. Sie gönnen sich z. B. ein schönes Essen mit Freunden oder Familie. Sie feiern mit Recht ihr neues Leben.

8 Klassische Beispiele für die narzisstische Problemverarbeitung sind verschiedene Politiker, denen Fehlverhalten, manchmal kriminelles Verhalten nachgewiesen wurde. Fern jeglichen Unrechtsgefühls sehen sie sich als Opfer rachsüchtiger Horden, die sie verfolgen. Die Chancen für eine Wiederwahl dieser Personen sind nicht schlecht, sobald sich möglichst viele Menschen hiervon einen persönlichen Vorteil versprechen.

9 Vgl. Röhr, H. P.: Ich traue meiner Wahrnehmung – Sexueller und emotionaler Missbrauch oder das Allerleirauh-Schicksal. Walter: Düsseldorf, 1998.

10 Eine ausführliche Beschreibung der Angstbehandlung befindet sich beispielsweise in: Röhr, H. P.: Vom Glück, sich selbst zu lieben. Wege aus Angst und Depression. Walter: Düsseldorf, 2005.

11 In der Psychoanalyse steht der Begriff *Introjektion* für diesen Vorgang. Damit ist gemeint, dass unbewusst Werte und Einstellungen einer anderen Person übernommen werden und Bestandteil des eigenen Ich werden.

12 Vgl. Röhr, H. P.: Ich traue meiner Wahrnehmung. Walter: Düsseldorf, 1998.

13 Vgl. Schneider, R.: Die Suchtfibel. Schneider: Hohengehren, 1998.

14 *Nicht bleiben und nicht flüchten können* nennt Michaela Röhr ihre Arbeit über die psychischen Folgen für Kinder suchtkranker Eltern. Gerade die Kinder sind dem Terror besonders hilflos ausgeliefert. Sie befinden sich in der Entwicklung und demzufolge sind die Nachteile einer frühen Konfrontation mit Co-Abhängigkeit besonders negativ. Vgl. Röhr, M.: Nicht bleiben und nicht flüchten können. Unveröffentlichte Diplomarbeit an der Katholischen Hochschule Aachen, 2000.

15 Damit Suchtkranke in eine Entwöhnungsbehandlung kommen, benötigen sie emotionalen und sozialen Druck. Meistens ist es der Arbeitgeber, der das Beschäftigungsverhältnis kündigen will, wenn nicht eine therapeutische Maßnahme erfolgt. Ein weiter Grund ist der Verlust wesentlicher Beziehungen, etwa des Partners, der sich wirklich trennt (nicht nur damit droht). Der letzte und meist beste Grund, eine Behandlung zu beginnen, ist der lebensbedrohliche körperliche Zusammenbruch.

Bibliografie

Brüder Grimm: Kinder- und Hausmärchen. *Insel: Frankfurt a. M., 1984.*

Davison, G. C.; Neal, J. M.: Klinische Psychologie. *Urban & Schwarzenberg: München, 1992.*

Drewermann, E.: Tiefenpsychologie und Exegese, Bd. 1, Die Wahrheit der Formen. *Walter: Olten, 1984.*

Ellis, A.: Training der Gefühle. Wie Sie sich hartnäckig weigern, unglücklich zu sein. *mvg: München, 2000.*

Ferenczi, S.: Sprachverwirrung zwischen dem Erwachsenen und dem Kind. *In: Schriften zur Psychoanalyse, Bd. II. Fischer: Frankfurt a. M., 1972.*

Frankl, E. V.: Ärztliche Seelsorge. Grundlagen der Logotherapie und Existenzanalyse. *Fischer: Frankfurt a. M., 1985.*

Fromm, E.: Authentisch leben. *Herder: Freiburg, 2000.*

Hirsch, M.: Realer Inzest – Psychodynamik des sexuellen Missbrauchs in der Familie. *Springer: Berlin/Heidelberg, 1994.*

Jung, M.: Versöhnung – Töchter, Söhne, Eltern. *Emu: Lahnstein, 2000.*

Lowen, A.: Freude – Die Hingabe an den Körper und das Leben. *Goldmann: München, 1996.*

Rahn, E.; Mahnkopf, A.: Lehrbuch der Psychiatrie. *Psychiatrie: Bonn, 1999.*

Richter, H. E.: Eltern, Kind und Neurose. *Klett: Stuttgart, 1963.*

Rogoll, R.: Nimm dich, wie du bist. Wie man mit sich einig werden kann. *Herder: Freiburg i. Br., 1991.*

Röhr, H. P: Weg aus dem Chaos – Das Hans-mein-Igel-Syndrom oder die Borderline-Störung verstehen. *Walter: Düsseldorf, 1996.*

Röhr, H. P: Ich traue meiner Wahrnehmung – Sexueller und emotionaler Missbrauch oder Das Allerleirauh-Schicksal. *Walter: Düsseldorf, 1998.*

Röhr, H. P: Narzissmus – Das innere Gefängnis. *Walter: Düsseldorf, 1999.*

Röhr, H. P: Die vierte Seite des Suchtdreiecks – Über die Bedeutung von Spiritualität und Religiosität in der Therapie. *Fredeburger Hefte Nr. 4, o. J.*

Röhr, H. P: Vom Glück, sich selbst zu lieben. Wege aus Angst und Depression. *Walter: Düsseldorf, 2005.*

Röhr, H. P: Das Gleichnis vom verlorenen Sohn – Schuld, Neid und Eifersucht. *Fredeburger Hefte Nr. 1, o. J.*

Röhr, H. P: Alpha-Relaxing. Das neue Entspannungstraining. Buch und CD. *Walter: Düsseldorf, 2003.*

Schneider, R.: Die Suchtfibel. *Schneider: Hohengehren, 1998.*

Sperling, F.; Massing, A.; Reich, G.: Die Mehrgenerationen-Familientherapie. *Göttingen, 1992.*

Walch, S.: Dimensionen der menschlichen Seele. Transpersonale Psychologie und holotropes Atmen. *Walter: Düsseldorf, 2002.*

Weltgesundheitsorganisation: Internationale Klassifikation psychischer Störungen, *Huber: Bern, 2000.*